中公新書 2163

川島浩平著

人種とスポーツ

黒人は本当に「速く」「強い」のか

中央公論新社刊

はしがき

「黒人の身体能力は生まれつき優れている」という主張があふれている。

一つひとつ具体的な証拠をあげなくても、この主張にうなずく者は少なくないだろう。たとえば、インターネットの検索エンジンに「黒人身体能力」と入力してみよう。「なんで黒人の身体能力は異常に高いんですか？」「あるテレビ番組で『黒人は生まれつき身体能力に優れている』と解説していたのを見たのですが、本当ですか？」などといった質問が、目に飛び込んでくる。

黒人を「天性のアスリート」とするイメージは、ネット上だけでなく、大学などの教育現場にもあるようだ。たとえば講義や演習で「黒人だから強い」「黒人は速い」という言葉をしばしば耳にする。その発言は人種差別になる可能性があると指摘すると、「ほめてなぜ悪い」「事実だから仕方ない」といった反論に出くわすことも少なくない。短距離種目のような陸上競技のコーチングの現場では、「日本人は『技能（スキル）』を磨かない限り、『黒人の天性』に対抗できない」という指導を受けると聞く。

実際、メディアを通して目にするオリンピック競技の競争種目や、ベースボールやアメリカン・フットボール（以下フットボール）、そしてバスケットボールといったアメリカ合衆国（以下アメリカ）生まれのスポーツの試合では、黒人選手が圧倒しているように見える。

一例をあげよう。一九八四年五輪ロサンゼルス大会から二〇〇八年北京大会まで、直近の過去七大会の競走種目男子一〇〇メートルの決勝で、スタートラインに立った五六人はすべて黒人である。もちろんメダリストもすべて黒人である。

そうだとすると、現在三〇歳未満の人は五輪大会の一〇〇メートル決勝に出場した非黒人選手を見たことがまったくない、ということになる。それより年上の人でも、一〇〇メートル決勝に出場した非黒人選手を思い出すには、遠い記憶を呼び戻さなければならないにちがいない。

黒人以外の選手が男子一〇〇メートルで世界記録を打ち立てたのはいつだろう。それはいまから半世紀以上も前に遡《さかのぼ》る。ドイツのアルミン・ハリーが、一九六〇年にスイスのチューリッヒで記録した一〇秒〇である。同年のローマ五輪大会でも彼は、一〇秒二で金メダルを獲得している。しかし今日では、このハリーも、同タイムの日本記録を持つ伊東浩司も世界歴代二〇〇傑にも及ばない。

では、本当に黒人は他の人種に比べ、身体能力が優れているのだろうか。

本書は、歴史を振り返り、現在を見渡しながら、この問題と具体的に取り組んでいく。

まず、歴史を振り返りながら、次の問いに答えたい。黒人身体能力に関する生得説やステレオタイプは、いつから存在しているのか。またそれらは、どのような理由で生まれ、普及してきたのか。

そして、現在を見渡しながら、次の問いに答えたい。「黒人は強い」「黒人は速い」という説について、現在のスポーツ競技種目の記録を扱う最近の研究はどのような立場から、どのような主張をしているのか。特に水泳、陸上に対する研究では、多方面の分野に成果を見ることができる。

以下、序章から、「人種」によって運動能力は決まるのか、特に「黒人」は身体能力に優れているのかを見ていこう。

※引用した欧文の日本語訳は、特に銘記しない限り著者による。

目次

人種とスポーツ

黒人は本当に「速く」「強い」のか

序章　黒人と身体能力——生まれつき優れているのか

「黒人」とは

本論に入る前に「黒人の身体能力は生まれつき優れている」という主張を検討するために必要な言葉や概念について考えたい。

「黒人」とはだれか——。ひとまず英語で「ブラック（black）」と呼ばれる人びとであるとしておこう。

では英語の「ブラック」とはだれなのか。

それは、アフリカ大陸のサハラ砂漠以南の地、すなわち「サブサハラ（sub-Sahara）」を出自とする人およびその子孫のことである。

これらの人びとを「ブラック」と呼ぶ合意《コンセンサス》は、英語圏の社会で広く見られるものである。日本語の「黒人」もおおむねこれに準じて使われている。

「黒人」は「肌が黒い人」の総称として用いられる場合もある。しかし本書は、オーストラリアのアボリジニーや、南アジアの褐色の肌をした人びとを含まない、アフリカ大陸のサブサハラを出自とする人びとに限定した意味で「黒人」を用いる。この用法が一般的に流通しているので、あえてカギ括弧で括《くく》らず表記する。

ここで特に強調しておかなければならないが、このような意味で「黒人」を用いるからといって、「黒人」という人間集団を厳密に定義できるものとして認めているわけではない。むしろ本書は、「黒人」がとてもあいまいな概念であると示すことになる。だがこの言葉が広く一般に流通している以上、この事実を受け止め、サブサハラを出自とする人びとを「黒人」と呼ぶところから出発する。

では、「黒人」はなぜ、あいまいな概念なのか。

そもそも現代的な意味での「人種」や「黒人」というカテゴリーの起源は、フランソワ・ベルニエ（一六二〇〜八八）からカール・フォン・リンネ（一七〇七〜七八）、ジョルジュ・ビュフォン（一七〇七〜八八）、ヨハン・F・ブルーメンバッハ（一七五二〜一八四〇）へと連なる一七世紀から一九世紀にかけて啓蒙主義時代を生きた西欧の思想家たちが、彼らの世界観のなかで作り上げた分類の単位にある。

当時の知識人たちが博物学的な知見に基づいて作り上げたこの単位は、いかに多くの見聞や経験に基づいたものであっても、厳密に人類を区分する言葉として正確ではない。「人種」の境界は、現代科学の眼から見ると主観的で恣《し》意的なラインにすぎない。その意味では、いかなる「人種」分類も文化的な作り物にすぎないことになる。ここではこの点をしっかり確認しておこう。

言葉と概念

「身体能力」とは、スポーツを行う能力のうちの身体に直接関連し、または由来する部分を強調した言葉である。「身体能力」は、「フィジカルな力」とも言い換えられる。概念としては、近年、アメリカ英語で頻繁に使われる「アスレティシズム（athleticism）」にきわめて近い。アスレティシズムは元来、一九世紀のイギリスで「運動競技熱」の意味で用いられ、そののちアメリカで知性に劣ることをはじめ、人種差別的な含みを持った言葉として使われた。しかし一九九〇年代頃から、高い運動能力や身体能力を意味する言葉として用いられている。

「生まれつき優れている」とは、遺伝的、生理学的、あるいは医学的になんらかの理由によって他人よりも優れた資質や性質を出生前に与えられ、そのため出生後、人生で他人に優る能力や実力を示し、あるいは成果や業績をあげることを意味する。

「黒人身体能力の生得説」とは、「黒人の身体能力は生まれつき優れている」という主張を支える理論や思想の枠組みの意味で用いる。そしてこのような主張が表現された言説や表象を、社会心理学でいう「ステレオタイプ」を援用して「黒人身体能力ステレオタイプ」と呼んでいく。

「アスリート」は、アマチュアかプロフェッショナルかを問わず、運動能力に長け、好んで運動競技やスポーツを実践する人、「運動選手」はアスリートのうち、一定の基準によって選考され、組織を代表して運動競技に参加する人に用いる。

「アメリカンスポーツ」には狭義、広義二つの意味があるが、本書は両方の意味を区別せずに用いる。狭義には、競技の実施人口と観客および視聴者人口がもっとも多いベースボール、アメリカン・フットボール（以後フットボールのみで表記）、バスケットボールの三大スポーツのことである。広義には、三大スポーツに続く人気を集めるその他の競技を含み、「アメリカで人気のあるスポーツ」という意味である。

本書はアメリカンスポーツとして、三大スポーツに加えて、テニス、ゴルフ、ボクシング、陸上、競馬、競輪、そして水泳を取り上げる。いずれも歴史的に、あるいは現在、黒人選手と縁の深い競技である。

三大スポーツの発展

黒人身体能力のステレオタイプや生得説は、アメリカンスポーツと黒人の関わりの歴史のなかから生まれた。そこで、黒人と特に関わりの深い五つの競技を取り上げ、その歴史を概観しよう。

まずは「アメリカの国技《ナショナルパスタイム》」としてもっとも長い歴史を誇るベースボールである。ベースボールはアメリカ植民地で古くから行われていたタウンボールや、イギリスの伝統球技ラウンダーズを起源とするといわれる。一八四五年、ニューヨーク在住の本屋兼ボランティアの消防団員、アレクサンダー・J・カートライトは、彼の所属するクラブ「ニッカーボッカー・ベースボール・クラブ」の仲間とともに、それまで行われていた球技をもとに新しいスポーツを考案し、そのルールを成文化した。ここにベースボールが誕生する。

一八四〇年代まで、アメリカでもっとも人気のある球技といえばクリケットであった。カートライトの新しい球技は、悠長なクリケットに比べ、試合時間が短く、スピーディで、庶民的なアメリカ人の嗜好に合うものだった。ベースボールは急速に人気を高め、アメリカが南北戦争に突入すると、ナショナリズムの高揚に後押しされ、東海岸から全国へと普及する。南北戦争が終わる頃、ベースボールはアメリカでもっとも人気のあるチームスポーツになっていた。

当時の「白人」（以下、英語で「ヨーロッパ系の人びと」を指す「ホワイト〈white〉」の意味で用いる）のベースボール組織は、黒人にも開かれていた。一八五七年に結成された全米野球選手協会（National Association of Base Ball Players）には、白人・黒人の両方が参加している。のちに見るが、このような環境下、モーゼス・F・ウォーカー（一八五六〜一九二四）という黒人初のメジャーリーガーが誕生する。

ベースボールが庶民の間で始まったとするなら、フットボールは、イギリスのパブリックスクールで行われていたサッカーやラグビーに、アメリカの大学生が改良を加えて生み出したスポーツである。フットボールはエリート的な文化の産物であった。

アメリカ版フットボール誕生の最大の契機は、一八七四年のハーバード大学とカナダのマギル大学との対抗戦である。この試合は、それぞれが支持する形式の競技を組み合わせた変則的な対抗戦となった。これは、ハーバード大学が「ボストンゲーム」と呼ばれたサッカーに近い競技で、マギル大学はラグビーに近い競技で戦うことを主張し、互いに譲らなかった結果である。そしてこの対抗戦で、ハーバード大学はボストンゲーム式の試合で勝利したのみならず、マギル大学が支持するラグビー式の試合でも○対○で引き分けるという殊勲をあげた。これに味をしめたハーバード大学の選手たちは、この対抗戦をきっかけにラグビー型の支持に回り、最大のライバル校イェール大学のチームを説得して転向させた。他の大学もこれに追随した。

イェール大学のウォルター・C・キャンプ（一八五九〜一九二五）は、スクリメージ（両チームのプレイヤーが規定の位置につき、攻撃側のスナップによって試合を開始すること）や三ダウン制の導入などを提案して相次ぐ改良を実現させ、今日のフットボールの原型を築いた。キャンプはのちに「フットボールの父」と呼ばれるようになる。

フットボールは、ベースボールと異なり、大学生というエリート集団内の交流や交渉によって発明された。大学のなかでも、国家の指導者層ともっとも深く結びついていた東部の名門校が主役であった。その意味では、一般の人びとと縁遠い競技だった。しかしフットボールは、ベースボール同様、アメリカらしさを追求しようとする若い創造のエネルギーがもたらしたものだった。

東海岸の大学では、エリートによるリベラリズムが浸透していた。そのためカレッジスポーツの世界は、ごく一握りだったとはいえ、南北戦争後の社会改革に期待を寄せていた黒人エリートの子弟にも門戸を開いていた。のちに見るが、そのなかから黒人初のフットボール全米学生代表（All-American）にウィリアム・H・ルイス（一八六八〜一九四九）が選抜される。

バスケットボールは、一八九一年、マサチューセッツ州スプリングフィールドのキリスト教青年会（以下YMCA）職業訓練校で体育教師をしていたカナダ人のジェームズ・ネイスミス（一八六一〜一九三九）が、上司ルーサ・ギューリックからの難題に答えたことから生まれた。それは雪深い冬のニューイングランド地方でも、狭い屋内運動場で血気盛んな労働階級の若者たちを十分に楽しませ、あり余るエネルギーを発散させられる競技を考案せよ、というものだった。ネイスミスは、わずか二週間でバスケットボールを考え出す。

季節や空間の制約を克服し、労働階級の若者にスポーツの機会を提供するために生み出されたバスケットボールは、誕生時から階級的な制約を受けることがなかった。そのため、社会の下層を構成する人びとにもっともなじみの深いスポーツとして発展していく。近代スポーツのアメリカ化という改革運動の流れは、バスケットボールの誕生で一つの区切りを迎えるのである。

バスケットボールは、まず、一九世紀末から二〇世紀にかけて膨張した新しい移民の波のなかで、特に多かったユダヤ系の人気を集め、その草創期は白人のゲームだった。黒人は、体育館のような施設や用具に恵まれないことが多く、その競技人口は決して多くなかった。しかし少数の選手は、一般の大学や黒人用のYMCAでプレイする機会を得る。やがて、のちに見るように、エドウィン・B・ヘンダーソン（一八八三〜一九七七）が黒人青少年のためにバスケットボールの普及に動き出し、他方で巡業団の強豪黒人チームが誕生することになる。

ボクシングと陸上

近代ボクシングは、一八世紀から一九世紀にかけてイギリスで規則が整備され、制度化が進んだ。それを受けてアメリカでは、南部の農園主がギャンブル目当てで始めた奴隷同士の競技として発達した。

のちに見るように、イギリスでは一八世紀後半から一九世紀にかけて白人対黒人の対戦が実現し、大勢の注目を集める。イギリスの影響を強く受けたオーストラリアでも、アメリカより早く一九世紀後半には異人種間の王者決定戦が開催された。アメリカ生まれのジャック・ジョンソン（一八七八～一九四六）が、黒人として初めて世界ヘビー級チャンピオンとなったタイトルマッチも、一九〇八年にシドニーで実現している。アメリカでは一九一〇年になってようやく、ジョンソンと「偉大なる白人の希望（Great White Hope）」ジェームス・J・ジェフリース（一八七五～一九五三）との対戦が行われた。

最後に陸上競技について見ておこう。陸上競技の歴史は古いが、社会的な関心事として注目を集めた最初の機会は、一八六四年にイギリスで開催されたオックスフォード大学とケンブリッジ大学の史上初の対抗競技会である。その二年後には、ロンドンのクリスタル・パレスで近代オリンピックの先駆けの一つとされる大英帝国オリンピック大会（Olympic Games in Great Britain）も開催された。これらの大会が熱狂的に迎えられたことを受け、イギリスやその植民地では次々とスポーツクラブが開設された。アメリカも影響を受け、南北戦争後にスポーツクラブが流行する。

スポーツクラブは、クリケット、陸上、ボクシングなどさまざまな運動競技を主催した。アメリカのクラブの多くは、黒人に対して閉鎖的だった。アメリカ最古のスポーツクラブの一つで、一八六八年に開設されたニューヨーク・アスレチック・クラブ（New York Athletic Club）など東部都市圏の団体は、黒人を会員として受け入れることを固く拒んだ。しかしクラブが主催する大会に、実績ある大学陸上選手を起用することには積極的だった。スター選手を招くことが、多くの利益に結びついたからである。このような機会を利用した黒人アスリートのなかから、のちに見るように、黒人初のオリンピックメダリストが誕生することになる。

本書の構成

黒人と近代スポーツの出会いは、限られていたとはいえ、一九世紀から、競技によってはそれ以前からあった。しかし当時、黒人アスリートの身体能力が特別視されることはなかった。ましてや、黒人を「天性のアスリート」と見なすなど、あり得ないことだった。ステレオタイプや生得説は、二〇世紀になってしばらくしてから生まれるのである。

本書は、「黒人の身体能力は生まれつき優れている」という主張を、次の二つの立場から再検討することを目的とする。

第一に、ステレオタイプや生得説は歴史的に形成されてきた。

第二に、「黒人」と見なされる人びとを運動競技種目で優位に立たせる環境的な要因にも目を向けなければならない。

第Ⅰ章から第Ⅴ章までの歴史的な記述と検討は主にアメリカンスポーツを軸に進め、第Ⅵ章で陸上競技と水泳を取り上げる際には視野を広げ、アフリカや、ジャマイカ、ドミニカ共和国などのカリブ海諸国も含めて考察する。

本書の構成は次の通りである。

第Ⅰ章は、南北戦争以後から二〇世紀初頭まで、黒人アスリートが人種差別によって、いかに才能や実力に恵まれていようとも、スポーツ界や社会から黙殺され、事実上「不可視」の状態に置かれていたことを明らかにする。少数のパイオニアは存在したが、その知名度は低く、影響は限られていた。

第Ⅱ章は、二〇世紀初頭から一九二〇年代までを扱う。近代オリンピックが開催され、国家間のスポーツ交流が活性化したにもかかわらず、人種分離主義の下におかれた黒人アスリートは、ほとんど機会を与えられることがなかった。しかし次の時代に、黒人アスリートが急増する条件が整備されつつあったことにも焦点を当てる。

第Ⅲ章は、一九三〇年代を黒人身体能力ステレオタイプの起源として捉え、このステレオタイプが出現した原因と過程に目を向ける。

第Ⅳ章は、第二次世界大戦後に各競技のプロやアマで黒人選手が次々と人種の壁を破り、スポーツ界全体が人種統合に向かう様子を描く。

第Ⅴ章は、一九六〇年代以降黒人アスリートがさらに増加し、スポーツ界で優位に立つ状況と、ステレオタイプが繰り返しメディアで言及され、普及する様子を追う。

第Ⅵ章は、トップアスリートに黒人が少ない水泳と、逆に黒人が集中する陸上競技という両極端のスポーツにスポットを当てる。このような偏りはどのようにして生まれたのだろうか。その歴史的な過程をたどりながら、今後を展望する。

それでは時代を遡《さかのぼ》り、アメリカで奴隷制度が廃止された時代に黒人たちが近代スポーツと出逢う頃の様子から始めよう。

第Ⅰ章　「不可視」の時代——南北戦争以後～二〇世紀初頭

南北戦争後の黒人とスポーツ

一八六一年四月、国家を北部と南部に二分する南北戦争が起こる。アメリカ国民はその後四年間にわたる「骨肉の争い」に巻き込まれることになった。両軍合わせて六二万人を超える戦死者を出した結果、内戦の原因の一つであった奴隷制度は廃止された。そして長く奴隷だった約四〇〇万人のアフリカ系の人びとは自由の身分を獲得した。元奴隷だった人びとは、戦争以前すでに自由の地位を保障されていた約五〇万人の「自由黒人」とともに、社会的な公正と平等をめざす長い道のりを歩み始めることになる。

同じ頃、大西洋の向こうのヨーロッパでは、産業革命を通じて工業化、都市化が進行しつつつあったイギリスを中心に、近代スポーツという新しい身体運動が現れつつあった。近代スポーツのうち、クリケットやボクシングは、比較的古い歴史を持ち、その起源は産業革命前まで遡ることができる。他方、サッカー、ラグビー、テニス、ゴルフなどが今日のかたちを整え、アメリカでベースボール、フットボール、バスケットボールが誕生するのは、いずれも一九世紀に入ってからのことである。

だが、アメリカ黒人の多くは、当時近代スポーツと深い結びつきを求めるだけの手段や意欲を持ち合わせていなかった。そもそも近代スポーツは、エリート的文化のなかで形成されたものである。激しい肉体労働に従事し、極端な身体の疲労と縁の切れない生活を強いられていた黒人が、身体的な運動で余暇を過ごそうという意欲や余裕を持つことは難しかった。

他方、一部の黒人エリートたちは、白人による人種主義に立ち向かい、経済的、社会的な成功を求めて、良質の教育と高い学歴を志す。やがて各都市で上流階級を形成する彼らは、子弟に知的な活動を奨励する反面、身体的な活動を軽視する傾向にあった。当然、スポーツは眼中になかった。

南北戦争の時代を通して、黒人エリートを代表する一人に、フレデリック・ダグラス（一八一八～九五）がいる。彼はメリーランド州に奴隷として生まれたが、一八三八年に北部へ逃亡して自由の身となり、以後奴隷制廃止運動で指導的な役割を果たした人物である。彼がその自伝のなかで見せる身体的活動への嫌悪は、当時の黒人知識人の多くに共通するものであった。ダグラスは次のように語る。

休日を与えることは、奴隷主が奴隷から反抗心を奪い去るのにもっとも効果的な方法である。休日になると奴隷の多くは、スポーツに興じる。球技や、レスリングや、ボクシングや、競走や、ダンスなど、そして飲酒である。これらは主人がもっとも好む余暇の過ごし方である。理性的な娯楽を主人たちは嫌う。そして未開人が特に好むような、こうした粗野で程度の低いスポーツが大いに喜ばれるのだ。

(Douglass, *The Life and Times*, p.148)

ダグラスは、スポーツをプランテーションの経営者たちが奴隷を懐柔し、抵抗心や批判的な精神が芽生えるのを阻止する手段と見たのである。

むろん、黒人知識人がこぞって身体的、肉体的な活動を疎んじたわけではない。しかし黒人知識人の多くは、身体的活動による業績に消極的、あるいは否定的な立場をとることになる。その傾向は、黒人知識人のスポーツに対するジレンマとして、今日なお存続している。

アメリカでの近代スポーツ

近代スポーツが生まれた要因はさまざまである。一般には、信仰の実践で身体的な鍛錬を重視する「たくましいキリスト教《マスキュラークリスチャニティ》」運動や、運動競技による人格形成を唱える教育論が台頭するなかで、関係者が組織や規則の整備を進め、形成していったとされる。

いま世界一の人気を誇る球技であるサッカーもこの時代の産物である。もともとはイートン校、ハロー校、ラグビー校といったイギリスの名門パブリックスクールで行われていたいくつかの球技を起源とする。それが、一八六三年に関係者がロンドンに集結して協会を設立し、協会規約と統一ルールを承認したことで、国内そして世界へと広く普及する礎となった。ゴルフやテニスも、起源については諸説あるが、この時期にイギリスで急速に人気を集め、定着したスポーツである。一八六〇年には全英オープンゴルフが創設され、七七年には第一回目のウィンブルドン選手権が開催されている。

こうした近代スポーツは、大西洋を越えてアメリカへわたり、イギリス的なライフスタイルや物質文化を愛好するエリート層から熱烈な支持を得ることになる。一九世紀後半を通じて、アメリカの上流階級は閉鎖的な社交クラブを次々と設立し、ゴルフやテニスをはじめ、ヨットやポロなど高価な道具を必要とするスポーツに夢中になった。そして中産階級市民や大学関係者は、イギリス的な伝統をくみつつ、ベースボール、フットボール、バスケットボールなどアメリカ独自の球技を編み出していく。

スポーツで金銭を稼ぐことを忌避する主張や立場のアマチュアリズムは、イギリスと同様にアメリカでも、社交クラブ会員や大学関係者の間で強い支持を受けた。しかし一九世紀後半のアメリカでは、拝金主義的風潮が強まり、次第にスポーツで金銭を稼ぐプロフェッショナルを容認し、歓迎さえする姿勢が目立つようになる。やがて移民とその子孫たちが社会経済的な上昇の機会をスポーツに見出すようになると、アマチュアリズムは守勢に立たされるようになる。

一九世紀後半のアメリカ近代スポーツは、そのほとんどが「白人の世界」であった。その原因が黒人側の事情や主張にもあったことはすでに述べた通りである。しかし、スポーツがもっとも頻繁に実践された場に、黒人の占める席がなかった理由のほうがもちろん大きい。

たとえば近代スポーツの中心であった大学に、アフリカ系の学生数は極端に少なかった。一九〇七年、米国一の名門と謳《うた》われたハーバード大学で、アフリカ系学生の割合は学生総数の一％に満たなかった。チャールズ・W・エリオット学長（一八三四〜一九二六）は、この年、ケンタッキー州がベレアカレッジで人種統合を禁じた際に、州の決定に同情的な次のような発言をしている。

> 北部にも、南部と同じように多く黒人《ニグロ》がいたとしたなら、我々も南部人と同じように彼らを別の学校に入れようと思うだろう。現在ハーバード大学には五〇〇〇人の白人学生と約三〇人の黒人《カラード》学生がいる。後者は大勢の白人学生のなかに紛れて目立つこともない。もし彼らが白人学生と同数であるか、あるいは多数派であるとするなら、人種分離もやむを得ないと考えるべきだろう。
>
> (Gossett, *Race*, p.285-286)

エリオットの発言は、人種分離が南部で公の政策および制度として承認され、北部がこれを黙認するという当時の状況を反映するものである。

黒人アスリートが隆盛を誇る今日からは、その状況を想像することは難しい。当時の黒人アスリートは、白人社会によって無視され、黙殺された。黒人アスリートが「不可視」の時代だったのである。現在語られるような黒人身体能力ステレオタイプは、存在する余地も余裕もなかった。

医学・科学の偏見

現在、「黒人」と言えば、ほとんどの人がすぐに頑強で健康的な身体を連想するにちがいない。しかし一九世紀中葉から二〇世紀初頭の人びとは、黒人の身体についてまったく異なる評価を下していた。当時流通した黒人の身体に対する否定的な言説は枚挙にいとまがない。その一つは、医学的、科学的立場から黒人の身体を異常なもの、あるいは弱いものとするものである。その代表は、南北戦争前の時代に奴隷所有を正当化する論を展開した医師サミュエル・A・カートライト（一七九三～一八六三）である。戦争が始まる三年前の一八五八年、カートライトは次のように語っている。

> 黒人《ニグリティアン》は自分の筋肉を制御することがほとんどできない。それは意志の力が弱いからである。少しの意欲と思慮さえあれば多くを生み出すことができるのに、彼らは怠惰で餓死するおそれさえある。筋肉は使われず、呼吸は不完全で、血液の循環も不完全である。黒人《ニグロ》は働くようにどんなに訓練されても、自分から働くことができない。彼らは、その性質をよく知った白人が働くよう命じるなら、身体を動かし、筋肉を使って働くようになる。黒人は、白人の命令に逆らうことができない。
>
> （Cartwright "Dr. Cartwright," pp.47-48）

カートライトは、黒人には生理学的な欠陥があり、白人のように身体を動かすことができず、また動かそうとする意欲もないと断じている。カートライトの論は、南北戦争へと世論が傾く時代になると、奴隷制度支持派によって熱烈に歓迎されていく。

一九世紀後半になると社会進化論が台頭し、黒人は白人との生存競争に敗れて「滅び行く人種」と見なされるようになる。さらに世紀末になると、こうした観点から黒人の運命を暗澹《あんたん》たるものと見なす論者が登場する。その一人が、公衆衛生学者のフレデリック・L・ホフマン（一八六五～一九四六）である。

ホフマンは一八九六年に出版した著書『アメリカ黒人《ニグロ》の人種としての形質と性向』で次のように語る。「人種間の生存競争で、黒人種に勝ち目がないことは明らかである」「黒人種が数的優位に立って脅威となることはあり得ない」また、黒人は肺病に罹りやすいという当時の医学の常識とされた事実に言及して、「人種としての運命は終わったも同然である」「やがて絶滅にいたるだろう」と主張した（Hoffman, *Race Traits*, p.176）。

優生学が興隆する二〇世紀初頭になると、黒人の劣等を遺伝的に裏付けようとする分析が目立つようになっていく。アメリカで遺伝学のパイオニアとして知られるカリフォルニア大学バークレイ校教授サミュエル・J・ホームズは、一九二三年に優生学の立場から、黒人種の衰退は黒人女性に注入される遺伝子の質が低下したためであると主張した。この説では、南北戦争まで「最良の血統」の持ち主であるプランターたちが黒人女性を妊娠させていたのが、南北戦争後は子どもをつくる資格もない「老いぼれ、貧民、疲れ果てた者」たちに取って代わられたとする（Holms, *Studies in Evolution*, p.250）。

南北戦争の終結から三世代を経た二〇世紀初頭は、南部の旧社会体制を美化しようとする風潮が強くなっていた。奴隷制度そのものに懐旧の情を抱く人も増えた。反面人びとは、戦後に社会秩序が混乱したために規律が緩み、風紀が乱れたとして嘆き、そのなかにあって性的な乱交に耽っているとして、若い黒人男女に偏見のまなざしを向けていた。ホームズもそうした一人であったといえるだろう。

人種主義が根強かった一九世紀後半から二〇世紀前半にかけて、カートライト、ホフマン、そしてホームズの論は、広く白人社会に受け入れられ、黒人の身体は劣ったものと認識されていたのである。

初の黒人メジャーリーガー——M・F・ウォーカー

しかしこのような時代に、スポーツ選手として頭角を現した黒人もいる。当時は、政治、社会などが、黒人の成功に厚い壁として立ちはだかっていた苦難の時代である。そのなかで、スポーツ界の黒人パイオニアはいかに生まれ、育ち、暮らし、いかなる機会を得てスポーツ史に名を残したのだろうか。

以下、数名のパイオニアに焦点を当て、その生涯をたどってみよう。彼らはみな、没後に評価されることになる。

まず、代表的な人物として挙げられるのは、序章で紹介したメジャーリーガーのモーゼス・F・ウォーカーである。

「黒人初のメジャーリーガー」は、一般に一九四七年にブルックリン・ドジャースでデビューしたジャッキー・ロビンソンとされる。ただしロビンソンの「初」とは、一九〇一年にアメリカン・リーグが発足し、現在のアメリカン・リーグ、ナショナル・リーグの二連盟制が成立して以降に限った場合である。それ以前の組織も含めて考えるなら、一八八四年にトレド・ブルーストッキングスでプレイしたウォーカーこそ、初の黒人メジャーリーガーだった。

ブルーストッキングスは、一八八〇年代にメジャーリーグとして認められたアメリカン・アソシエーションに所属していた。アメリカン・アソシエーションには、黒人選手が参加する余地があったのである。

一八四五年に誕生して以来、ベースボールは急速に人気を集めていた。ベースボールという新しいゲームの魅力が、早々に黒人コミュニティにも伝わったことは確かなようである。正確な記録はあまりないが、南北戦争直後の一八六七年にはフィラデルフィア・エクセルシオールズとブルックリン・ユニークスの対戦が、事実上初の黒人版の全米王者決定戦として黒人メディアに注目された。

M・F・ウォーカー　中列左端

一八五六年、ウォーカーはオハイオ州マウントプレザントに生まれた。ベースボールの人気が黒人コミュニティで高まりつつあった時代に、幼少期を過ごす。やがてオーバリン大学に入学し、ミシガン大学へ転学する。いずれの大学でもベースボールチームの代表選手であった。そののち、一八八四年に捕手としてブルーストッキングスでプロとしてのデビューを果たす。この年ウォーカーは、四二試合に出場して、二三打点、打率二割六分三厘の成績を残している。

黒人紙『ニューヨーク・エイジ』は一九一九年に、現役時代のウォーカーを回想する記事を掲載している。この記事は、彼を「当代随一の名捕手」と称え、その根拠として当時群を抜く速球投手であったトニー・マレーン（一八五九〜一九四四）による次のような証言を挙げている。ちなみにマレーンは白人である。

やつ〔ウォーカー〕は俺の球を受けたなかで最高の捕手だった。だが黒人《ニグロ》嫌いだった俺は、やつのサインを無視して好きな球を投げた。あるときやつがカーブのサインを出したので、俺は速球を投げた。それでもやつは、ちゃんと捕球した。それから俺のところにやってきてこう言った。「サインなしでやるなら、どんな球でもとってやる。だがな、サインを無視された球は落とすかもしれん」それからというもの、俺たちはサインなしでやることになった。俺は好きな球を投げた。やつはどんな球でもとった。

(Aaseng, *African-American Athletes*, p.8)

ウォーカーは入団した年からレギュラーだったが、四〇失策という不名誉な記録も残している。「サインなし」での捕球は、他の白人投手とのあいだにも起こっていただろう。失策は、名捕手ウォーカーだったからこそ、四〇ですんだと読むべきかもしれない。

ウォーカーの活躍からも、当時のメジャーリーグには白人と黒人がいっしょにプレイする余地があったことは明らかだろう。しかしウォーカーは、現役選手としてのピーク時に、次第に強まる人種分離主義の逆風に立ち向かわなければならなくなる。

一八八七年にウォーカーは、マイナーリーグの一つであったインターナショナル・リーグに所属するニューアーク・リトルジャイアンツに移籍した。そこで黒人の主力投手ジョージ・ストーヴィ（一八六六〜一九三六）とバッテリーを組む。

同年七月一四日リトルジャイアンツは、メジャーリーグのシカゴ・ホワイトストッキングスとエキシビションゲームで対戦した。このとき、ホワイトストッキングスの白人主力打者エイドリアン・C〝キャップ〟・アンソン（一八五二〜一九二二）は、黒人選手を出場させるチームとの対戦に強く反対していた。一説では、アンソンの反対が原因でストーヴィの先発は見送られたといわれる。ウォーカーはこのとき、けがのためにベンチから外されていた。彼は、あからさまな人種差別をどのような心境で受け止めたであろうか。

奇しくも同日の朝、インターナショナル・リーグのオーナー会議は、六対四で次のシーズンからは黒人選手とは契約をしないことを決定した。それは、ベースボール界を待ち受ける不吉な運命の前兆だったといえよう。以降、メジャーかマイナーかを問わず、同じような決定を下すリーグが急増し、二年後の一八八九年末までには球界から黒人選手は姿を消すことになる。

一八八九年は、ウォーカーにとって現役引退の年となった。その後ウォーカーは新興の映画産業に投資して実業家としての転身を図る。しかし人種関係の緊張が高まるなか、一八八九一年に白人の暴漢に襲われ、身を守ろうとして襲撃者の一人を刺殺する。幸い裁判では、正当防衛が認められて無罪となったが、晩年は黒人至上主義《ブラックナショナリズム》に傾倒していく。一九〇八年には『わが故郷の植民地――アメリカにおける黒人《ニグロ》人種の過去、現在、未来』と題するパンフレットを出版した。彼はそのなかに「アメリカにおける現在および今後の人種問題を現実的かつ永久に解決する唯一の手段は、黒人《ニグロ》をアメリカから移民させ完全なる人種分離を達成することである」との主張を込めたのである。それは時代の流れに呼応する動きであったというべきだろう。

それから一六年後、ウォーカーはオハイオ州クリーブランドで没した。六七歳だった。

史上最強の騎手――I・B・マーフィー

「競馬の騎手」というと、日本人が抱く「スポーツ選手」というイメージにあてはまらないかもしれない。しかし黒人騎手の一人に、アメリカンスポーツ史上避けて通れない人物がいる。その名は、アイザック・B・マーフィー（一八六一～九六）。マーフィーは、今日「史上最強の騎手」の一人と称えられている。

騎手という職業は、南北戦争後もっとも早くから黒人に開かれ、また黒人の活躍が許された場であった。それは、戦前から競走馬の世話や訓練が黒人奴隷に任されることが多かったこと、騎手になるための意欲と技能を持った白人が少なかったことなどによる。一八六〇年代後半、南北戦争後の好況の波に乗り、ベルモント・ステークス（一八六七年）、シャンペン・ステークス（一八六七年）など大規模な競走《レース》が開催され、競馬人気が高まるなか、騎手は、黒人が富と栄光の獲得を夢見ることができる数少ない専門職だった。

マーフィーは、南北戦争が勃発した一八六一年に、アメリカ競馬のメッカであるケンタッキー州フランクフォートで、バーンズ家の一員として生を受けた。ウォーカーより五歳年少ということになる。父親は北軍の兵士として出征したが捕虜となり、敵の捕虜収容所キャンプ・ネルソンで命を落としている。父の死後バーンズ家は、レキシントンに移り、祖父グリーン・マーフィーのもとに身を寄せた。アイザックは一四歳の年に騎手としてのデビューを果たす。この際、祖父の姓を受けてアイザック・バーンズ・マーフィーに改名している。

I・B・マーフィー

ケンタッキー州は競馬の伝統の深い土地柄である。ケンタッキー・ダービーは、プリークネス・ステークス、ベルモント・ステークスと並んでアメリカ競馬のクラシック三冠を成す。ルーイビルにあるチャーチルダウン競馬場で毎年五月の最初の土曜日に行われ、今日も全国、全世界の競馬ファンの注目を集めている。

その歴史は古く、第一回は一八七五年である。マーフィーが世間の注目を集めた理由の一つは、名誉あるケンタッキー・ダービーで一八八四年、九〇年、九一年と通算で三度栄冠を勝ち取ったからである。これは、一九四八年にエディ・アーキャロに破られるまで全米記録だった。三度目の優勝を奪った競走馬は「キングマン」といったが、調教者兼所有者もダドリー・アレンという黒人であった。黒人の所有馬がケンタッキー・ダービーで優勝したのは、後にも先にもこの年限りである。

ケンタッキー・ダービーで初勝利を飾った一八八四年に、マーフィーはケンタッキー・オークスとクラーク・ハンディキャップも制している。一年間にこの三冠に輝いたのはマーフィーだけである。その逸材ぶりは、通算で一四一二回出走して六二八回も勝利していることにもうかがえる。通算勝率四四%という記録は、過去のみならずこれからも決して破られることがないと専門筋は評価している。その偉業を讃えて競馬界は、全米競馬博物館殿堂(一九五五年)および全米騎手殿堂(一九五六年)に彼を迎え入れた。

マーフィーはどのような性格であっただろう。残されたインタビューの記録は、彼の誠実で実直な人柄を伝えている。あるとき記者に「勝つための秘訣は何か」と訊かれ、「そんなものはない。レースに勝つこと、それがすべてだ」と答えた。当時根強くあった八百長の誘惑にも彼は抵抗し続けた。「一度八百長にはまると、二度目を拒む理由がなくなる。いつも正直でなければならない。そうすれば面倒に巻き込まれることもなく、金は貯まる一方だ」というのも彼の言葉である（Aaseng, *African-American Athletes*, p.160）。

だが一八九〇年代に入って、再び黒人排除の流れが強まると、マーフィーにも暗い影を落とすようになる。白人騎手が増加し、黒人のライバルを精神的、制度的に締め出すようになっていく。マーフィーは、駿馬に恵まれず、負けが込むようになった。

飲酒がマーフィーの身体と心を蝕み始めていた。一八九〇年のレースで最下位だったとき、彼は下馬するのが困難なほど泥酔していたといわれる。彼は「勝ったときはいい。みんなちやほやしてくれる。おんぼろ馬にのせられて負けたときに待ってるのは、『黒ん坊《ニガー》』『酔っ払い』って罵声だけさ」とこぼした（同前）。

マーフィーは孤独な晩年を過ごし、わずか三四歳の若さで肺炎により死亡したといわれる。詳しい記録はなく、墓石にも刻銘はなかった。死後半世紀以上が経過し、一九六〇年代になってフランク・B・ボーリスというケンタッキー大学出版の関係者が見出すまで、その墓の位置さえ忘れ去られていたのである。

近代ボクシングの成立

競馬と並んで、黒人奴隷の参加が許されていたスポーツにボクシングがある。その近代スポーツとしての起源は、一八世紀のイギリスに遡る。ここで少しその歴史を振り返っておこう。

一般に近代ボクシングの創始者とされるのは、ジェームス・フィグ（一六九五～一七三四）である。当時のボクシングは素手《ベアナックル》で行われ、賞金稼ぎを目的とする格闘試合であった。フィグは、一七一九年にロンドンにアカデミーを創設し、ボクシングを護身術として社会の上流階級、中産階級の人びとに教え始めた。ボクシングの技巧を社会上層の市民を対象とする商売に利用したのは、フィグの企業家精神のなせる業だった。他方で彼は、各地の腕自慢を次々と殴り倒して自らの実力を誇示した。アカデミー創設の年には、自らイギリス初代チャンピオンを宣言し、広く認められた。

フィグは一七三〇年までその王座を守り通した後、三九歳の若さで世を去った。しかしその弟子ジョン・〝ジャック〟・ブロートン（一七〇三～八九）は、フィグの後継者としてボクシングをさらに普及させるために、一七四三年に「ブロートン規約《コード》」を発表した。それまでのボクシングは、ベアナックルで行われ、殴るだけでなく、蹴り、投げ、絞め、嚙みつきなども認められていた。ブロートンコードは、ベルト以下への打撃の禁止、ダウンした相手への攻撃の禁止、リングの標準化など、ボクサーの身の安全を高めるためにさまざまな対策を施したのである。

ライト級、ミドル級、ヘビー級など体重差による階級制度がいつ作られたかについては定かではないが、一九世紀前半に整備され、次にみる「クインズベリー・ルール」が決定されるまでには成立していたことがわかっている。

一八六七年、第九代クインズベリー侯爵ジョン・S・ダグラス（一八四四〜一九〇〇）の後援を受け、ジョン・G・チャンバースらは一二項目からなるクインズベリー・ルールを発表した。そのなかには、グローブの着用、三分一ラウンド制の導入、ラウンド間の一分間インターバルの設定、投げ技の禁止、一〇カウントによるKO負けの確定など、試合の規律を正し、競技者の安全を保障するために重要な項目が含まれていた。ここに現在のボクシングの基礎が固まった。

ロンドンに渡ったボクサー——T・モリノー

イギリスで近代ボクシングの規則と制度の整備が進んでいた頃、アメリカの南部では、近代ボクシング前史が独自の展開を見せていた。プランテーションの奴隷主たちは、興行、賭博、余興などさまざまな目的を兼ねて、自ら所有する奴隷を闘わせて優劣を競い合った。最強者には十分な報酬が与えられた。こうした奴隷たちによる拳闘試合が、黒人コミュニティ文化の一つの底流を成していたことは間違いない。

黒人奴隷の拳闘士に関する記録はいくつも残されている。もっとも有名な一人はトム・モリノー（一七八四～一八一八）である。彼はバージニア州で奴隷として生まれた。父も双子の兄も拳闘士だったという。

当時強い拳闘士は、奴隷といえども多額の賞金を稼ぐことができた。一八〇九年、二五歳の年、エイブという対戦相手を打ち破ったモリノーは、賞金で自由を買い取り、ニューヨークを経由してボクシングの中心地ロンドンへと渡った。その地で黒人拳闘士として先輩格にあたるビル・リッチモンド（一七六三～一八二九）に出会った。リッチモンドはニューヨークに奴隷として生まれたが、独立革命時にノーサンバーランド公爵に仕えてイギリスに渡り、自由の身となり、そののちボクシングを指導していたのである。

モリノーは、リッチモンドの指導下で訓練を重ね、白人の元イギリス王者トム・クリップ（一七八一～一八四八）への挑戦権を得た。リッチモンドは一八〇五年にクリップに苦杯を嘗《な》めさせられており、モリノーは師の雪辱戦に挑んだのである。

モリノーとクリップの対戦は、一八一〇年と一一年の二度にわたった。当時の会場は屋外である。一回目の対戦は、悪天候のなか一万人もの大観衆を集めた。二八ラウンドにモリノ

クリッブ対モリノー戦

ーはクリッブからダウンを奪った。しかしレフリーがルールを曲げてクリッブを助けたため、モリノーは落胆した。結局モリノーは戦意を失い、三五ラウンドに敗北を宣告された。

試合後、モリノーはクリッブに再戦を要求した。クリッブに宛てた書簡のなかで、彼は次のように書いている。

> 私はあなたに再戦を要求する。だがその前に、このことだけは言っておきたい。私は人種の異なる人びとのなかで闘わなければならない。だからといって、私は偏見を抱いたりしない。私は正々堂々と勝負に臨むつもりだ。
>
> (Ashe, *A Hard Road* Volume 1, p.20)

クリッブは再戦を受けたが、モリノーがこの二戦目で公平な扱いを受けたかは疑わしい。その上、リッチモンドとの不和によってコンディションの調整を怠っていた。またモリノーは、試合前に鶏一羽を平らげ、一クォート（一・一リットル強）もの酒を飲んでいたともいわれる。いずれにせよ、二度目の対戦でもモリノーは敗れた。一一ラウンドKO負けだった。

一八一五年に現役を引退したモリノーを待ち受けていたのは、悲惨な晩年だった。借金で投獄され、釈放後はアルコール中毒で街を徘徊する毎日が続いた。彼は肝不全で、放浪先のアイルランドで没した。享年三四歳、無一文だった。

全豪ヘビー級王者――P・ジャクソン

アメリカでは一九世紀後半、人種的な偏見と差別による圧力が、ボクシングのパイオニアを苦しめ、また彼らのスタイルに独特の影響を与えた。

ピーター・ジャクソン（一八六一〜一九〇一）もまた、ボクシング界が人種によって二つの世界に分断された時代に成長し、名を成した一人である。彼は、西インド諸島に生まれ、最強の対戦者を求めてイギリスやアメリカを舞台に拳を振るった。しかし他の先駆者同様、人種差別が強まるなかで自らを追い込み、結局は命を落とすことになる。

ジャクソンはバージン諸島の一つで、当時デンマーク領だったセント・クロイ島に自由黒人として生まれた。小学校を卒業後船乗りとなり、一八八〇年にオーストラリアに渡って市民権を獲得、その二年後にはブリスベーンで有名なボクサーだったラリー・フォーリーと出会い、ボクシングの訓練を受け始めた。一八五センチ、九〇キロと体格にも恵まれ、腕を上げた。一八八六年には、全豪ヘビー級王者のタイトルを手中にした。そのあまりの強さゆえ、「ブラック・プリンス」「ピーター・ザ・グレート」の異名をとったといわれる。

ジャクソンは、狭い世界に飽き足らず、ボクシングの新天地アメリカをめざし、サンフランシスコの土を踏む。一八八八年のことである。彼が挑もうとしたのは、当時世界ヘビー級王者だったアイルランド系のジョン・L・サリバン（一八五八〜一九一八）だった。カリフォルニア・アスレチック・クラブをはじめとする地元のコネクションを通じて、ジャクソンはたびたびサリバンに打診したが、チャンピオンは決して応じなかった。サリバンの真意は定かではない。だが、彼のマネージャーを務め、「プロレスの父」としても知られるウィリアム・マルドーンがのちに歴史研究者のナット・フレッシャーに明かしたところでは、「黒人《ニグロ》に敗北するという汚名を

P・ジャクソン

サリバンに着せないため」だったと言う。「世界一の強者」という象徴的な意味を持っていたヘビー級王者の座には、黒人を就かせてはならないという思いがとりわけ強かったのである（Wiggins, "Peter Jackson," p.155）。

挑戦を無視され続け、ジャクソンの自尊心はひどく傷つけられた。最盛期を過ぎようとしていたジャクソンは、自暴自棄になったのか、それまでに見られなかったようなボクシングをする。一八九〇年、帰国していたジャクソンはニューサウスウェールズ出身のジョー・ゴッダードとのメルボルンでの対戦で、両手を垂らして相手のパンチをわざと浴び続けた。試合は八ラウンドでレフリーから引き分けを宣告されたが、事実上の敗北と見なされた。

一八九一年、関係者がサリバンへの挑戦権をかけた試合と見なしたジェームズ・J・コルベットとの対戦も、六一ラウンドを闘った末、両者疲労のために無効試合を宣告された。この試合では、互いに相手を警戒しすぎたのか、後半はほとんどパンチの応酬が見られなくなった。観客は次々と席を立ち、残った客は空席に横になって居眠りを始める始末だったという。

一八九八年、ジャクソンは翌年にヘビー級王座に就くことになるジェームス・J・ジェフリースと対戦した。しかし三十路の坂を下っていたジャクソンには、パンチ力もスタミナもなかった。試合はわずか三ラウンドで、ジャクソンのKO負けに終わった。

ジャクソンは晩年、肺炎、坐骨神経痛などの病気に苦しめられ、シドニーで四〇歳で没している。

初のヘビー級黒人世界チャンプ——J・ジョンソン

少し時代を下ると、人種の壁を超えて世界王者の地位に輝いた黒人ボクサーもいる。「ガルベストンの巨人」の通称で知られたジャック・ジョンソン（一八七八〜一九四六）である。ジョンソンは、ジョー・ルイス（一九一四〜八一）、モハメド・アリ（一九四二〜）と並んで二〇世紀を代表するヘビー級ボクサーである。だがジョンソンほど、リングの内外で論争を引き起こした人物はいない。

ジョンソンはテキサス州ガルベストンに六人兄弟の二番目の子として生まれた。両親は元奴隷で、父親は学校の清掃員を務めていた。ジョンソンは幼少期より格闘技に優れ、白人が提供する機会を利用して頭角を現した。

「バトル・ロイヤル」形式の興行試合では、黒人の若者ばかりが集められてリングに立たされ、最後の一人になるまで闘った。全員目隠しをして闘わされたこともあったという。ジョンソンは、最後まで勝ち抜き賞金を手にすることも少なくなかったが、賭博好きだったために、すぐにカネをすってしまった。彼は当時について、「俺の人生は初めから、悲劇とロマンス、失敗と成功、貧困と富、不幸と幸福に彩られていた」と回想している（Wiggins, *Out of*, p.60）。

ジョンソンは、一九〇三年にデンバー・E・マーティンを破って非公式に存在した黒人ボクシング界におけるヘビー級王者となった。一九〇八年には世界ヘビー級世界王者トミー・バーンズ（一八八一～一九五五）を一四ラウンドで打ち負かして公式に世界一となる。しかしアメリカの白人社会はジョンソンのタイトルを認めようとしなかった。

ジョンソンが王座を奪った相手のバーンズはカナダ人であり、タイトルマッチはオーストラリアのシドニーで行われていた。アメリカの白人社会から目の敵にされていたジョンソンは、直接その白人社会と対峙することなく王者の座を奪取したことになる。それゆえに、アメリカの白人社会はジョンソンをチャンピオンと認めようとしなかったのである。

一九一〇年、五年前に王位に就いたまま無敗で引退したジェームス・J・ジェフリースは、白人市民の絶大なる応援と懇願に応えるために、「偉大なる白人の希望」として立ち上がった。ジョンソンをマットに沈め、「白人は黒人よりも優れている」ことを示してほしいという期待を一身に集め、七月四日にネバダ州リノで開催された「世紀の対戦」でジョンソンに挑むことになる。しかし、一五ラウンドを闘った後、ジェフリースはあえなくTKO負けを喫してしまった。

黒人ボクサーは「女性的」

ジョンソンはボクシングの腕前によって白人を侮辱した上に、私生活面では、異人種間の交際という最大のタブーに大胆に挑んだ。日頃から白人女性を多数引き連れて動き回り、公然と愛情表現を交わしたのである。そのうちの三人を妻として迎え入れている。彼は派手な異性関係を見せつけ、自分が黒人としても、男としても、白人男性よりも上であると公言して憚《はばか》らなかった。

J・ジョンソンと彼の妻　1910年

ただ興味深いのは、当時は「白人」を「男性的」、「黒人」を「女性的」と見なす社会的な規範が存在し、ボクシングのようないわゆる「男臭い」世界にも、この規範が通用していたことである。人びとは黒人ボクサーの性格とスタイルを「女性的」と見なす傾向があり、ジョンソン自身も、意識的にせよ、無意識的にせよ、そのような性格とスタイルを自分のものとして引き受けていたようである。たとえばサリバンからジェフリースへと続く歴代白人王者が闘志を剝き出しにして、力に物を言わせて相手を殴りつけるパワーボクシングにこだわったのに対し、黒人ボクサーは、ディフェンスを重視し、必要最低限のパンチを繰り出して相手を倒そうとする「女性的なスタイル」を好んでいた。

これは、当時のチャンピオンのKOによる勝利の比率からも裏付けることができる。一九世紀末から二〇世紀初頭に君臨した代表的白人王者サリバンとジェフリースが、いずれも七一%という高率を誇ったのに比べ、ピーター・ジャクソンは四四%、ジョンソンは四〇%だった。黒人ボクサーによるこのようなスタイルの選択は、自衛本能からであったというべきか（***Roberts, Papa Jack*, p.26**）。

その後ジョンソンは、一九一二年にマン法に違反したとして逮捕され、翌年に有罪判決を受けた。マン法とは、売春を目的に州境を越えて女性を移動させることを禁じるために、イリノイ州下院議員ジェームス・R・マンによって提案され、一九一〇年に制定された連邦法である。ジョンソンは、一九一〇年と一一年に、つきあっていた白人女性ベル・シュライバーにピッツバーグ（ペンシルバニア州）とシカゴ（イリノイ州）間の鉄道乗車券を送った。このことがマン法に抵触するとして逮捕された。なぜなら、シュライバーには過去に売春をした疑いがあったからである。しかしこれは、明らかにこじつけだった。

ジョンソンは保釈中に国外へ逃亡し、海外での生活を余儀なくされた。この間、一九一五年にキューバのハバナで開催されたタイトル戦で白人のジェス・ウィラード（一八八一～一九六八）に敗北して王座を追われた。一九二〇年に帰国して逮捕され、服役したが、翌年に刑期を終えて釈放された。キャリア末期一九二六年から引退する三八年までの戦績は九戦七敗と惨憺たるものであり、王者の面影はそこにはなかった。彼は交通事故で、六八歳で死んでいる。

ここまで取り上げてきた黒人アスリートの多くは、同業者や、場合によってはチームメートからも差別を受けた。また、人種関係が悪化の一途をたどる時代を背景に徐々に、しかし確実に選手として生活の糧を得る場からの締め出しを受けた。優れた才能の持ち主であったにもかかわらず、その才能を十分に発揮することなく選手生命を終え、あるいは才能を発揮して優勝やチャンピオンの座を勝ち取ることができたが、栄光を維持できたのはごく短期間にすぎなかった。

五人のうち「白人に優る」力を誇示しえたのは、白人王者を次々と仕留めたジョンソンのみである。だがジョンソンでさえ、結局は白人によってリングに沈められた。

五人の黒人アスリートは、「不可視」の時代を生きた。つまり不当な仕打ちによって黙殺される運命を共有していたのである。

黎明と例外性——肌の「白さ」

黒人「不可視」の時代には、少数ではあるが例外的存在もいる。学生アスリートである。その一人は、序章で紹介したウィリアム・H・ルイスである。アマースト大学とハーバード大学院でフットボール選手として活躍し、黒人初の全米学生代表に選抜された。全米学生代表の選抜は、『ハーパーズ・マガジン』誌の記者だったキャスパー・W・ホイットニーが、「フットボールの父」ウォルター・C・キャンプと協力して『今週のスポーツ（*This Week's Sports*）』誌に掲載したことに始まる。ルイスはその後法曹界に進み、黒人初の連邦検事補にも任命されている。ルイスは、まさに文武両道の才能を発揮した人物であった。

少し時代を下ると、ジョージ・C・ポージ（一八八〇～一九六二）がいる。ウィスコンシン大学の陸上選手として短距離走・中距離走種目を得意とした。一九〇四年のセントルイス五輪では、二〇〇と四〇〇メートルハードル双方で銅メダルを獲得し、黒人初の五輪メダリストとしての栄誉を手にした。さらにジョン・B・テイラー（一八八二～一九〇八）は、ペンシルバニア大学在籍中に、一九〇八年のロンドン五輪のメドレーリレーで優勝し、黒人初の五輪金メダリストとなった。テイラーは獣医をめざしていたが、残念なことに、栄冠に輝いた年に肺炎で命を落としている。二六歳という若さだった。

さらに時代を下ると、ハワード・P・ドリュー（一八九〇～一九五七）がいる。マサチューセッツ州のスプリングフィールド・ハイスクール時代に、一〇〇メートルを一〇秒七五で走り、一〇〇ヤード走（約九一メートル）では世界タイ記録を打ち立てた。一九一二年のストックホルム五輪代表選手にも選出されたが、けがで決勝進出を辞退している。『ニューヨーク・トリビューン』紙はドリューの快足を「その命知らずの速さは、汽車を追い越そうという意欲さえ感じさせる」と称えた。彼はサザン・カリフォルニア大学で法学を修め、コネティカット州初の黒人判事として数多くの業績を残した（Henderson, *The Black Athlete*, p.50）。

H・P・ドリュー　中央，1914年

これらの学生アスリートに共通する特徴は、肌の色が比較的「白い」ことである。

奴隷制の時代から、白人と黒人の「混血」が進んできたことは、南部社会の公然の秘密だった。数世紀に及ぶ「混血」によって、黒人のなかには肌の色が「薄い」あるいは「白い」者と、「濃い」あるいは「黒い」者が現れるようになった。このうち「薄い」「白い」者ほど、支配層である白人に近いと見なされ、心理的な優越と社会的に高い地位が与えられた。反対に「濃い」「黒い」者ほど、劣等と低い地位を押しつけられることになる。このような序列の感覚や意識は、白人か黒人かを問わず、南部社会で広く共有されていた。

比較的白い肌は、一九世紀後半を生きた黒人知識人や指導者の多くに見られた特徴でもある。黒人学生アスリートに、学業やスポーツで活躍の場を与えられたのは、おそらく白人に近いと見なされたからだろう。彼らの「黒人性」は忌避され、黙殺された。ここでも、黒人アスリートは「不可視」の時代を生きなければならなかったのである。

いずれにせよ、黒人学生アスリートの成功は、人種分離主義が強まる社会の風潮にあらがうかのように、東海岸を中心に点在する大学人コミュニティで、一部の知的エリートに支持されたリベラリズムの産物だった。彼らは、一般大衆の生活とは無縁の世界の住人にすぎなかった。

これまでに見てきた黒人学生アスリートの足跡は、のちに発掘され、記録として呼び覚まされるまで、一般の人びとには知られることはなかった。また世間の常識では、「黒人であること」「黒い肌」と「運動能力に長けること」とが直接結びつけられることもなかったのである。

人種分離主義体制の成立

本章を締めくくるにあたって、少し視野を広げ、スポーツ界全体での一九世紀後半から二〇世紀初頭の黒人の「活躍」と転落を確認しておこう。ボクシング、競馬、ベースボール、フットボールなどの競技についてはすでに触れたので、それ以外の分野で目立った黒人アスリートについて言及しておきたい。

M・M・テイラー

まず特筆すべきは、競輪で異彩を放ったマーシャル・〝メジャー〟・テイラー（一八七八～一九三二）である。インディアナ州に生まれ、一二歳のときに初めて自分の自転車を持った彼は、わずか一三歳のときにインディアナポリスで開催されたアマチュア大会で初優勝を果たし、一八九九年に一マイルレースで世界チャンピオンとなった。黒人の世界王者として、カナダ人のプロボクサー、ジョージ・ディクソンに次ぐ快挙である。しかし、やがて競馬界同様に、暴力や組織的な排除などの差別を受け、大恐慌でわずかに残った資産も失い、五三歳で没した。アイザック・B・マーフィー同様、墓標もない墓に埋葬された。

一八九一年に、YMCAに所属するジェームズ・ネイスミスによって発明されたバスケットボールでも、早期から黒人の参加が見られた。しかし、最初の組織的な導入を試みたのは、エドウィン・B・ヘンダーソンである。ハーバード大学に学んだヘンダーソンは、故郷のワシントンD.C.に戻って中等学校運動競技連盟を設立し、バスケットボールの対抗戦を開始した。一九〇六年、バスケットボール誕生から一五年後のことである。

この時代の黒人アスリートは、身体能力ステレオタイプが浸透する現代からは想像できないほど、きわめて稀少な存在であった。このことを強調しておく。あらゆる意味で、つまり精神的にも肉体的にも「劣った人種」と見なされていた黒人にとって、華やかな大学スポーツの陸上トラックやアリーナ、あるいはプロスポーツのスタジアムは、ごく縁遠い世界であった。例外的に活躍の機会を得た者は、黙殺され、あるいは字義通り抹殺されたといってよい。黒人の一般大衆は過重労働と貧困で疲弊し、黒人知識人のコミュニティは運動競技に無関心を装い、状況を改善しようとする動きはほとんど見られなかった。

一九世紀末から、アメリカ史の流れは人種分離主義の方向へ加速する。一八九二年六月七日、黒人の血を「八分の一」引くとされるホーマー・A・プレッシー（一八六二〜一九二五）は、ファーストクラスの切符を購入して通勤列車に乗り込み、その二年前にルイジアナ州議会が制定した人種分離法《ジム・クロウ》に違反したとして逮捕された。この出来事に端を発した訴訟は連邦最高裁に持ち込まれ、一八九六年に有名な「プレッシー対ファーガソン裁判」の判決が下された。

判決は「分離すれども平等」の大前提に立ち、鉄道などの公共施設での人種分離は差別に当たらず、それゆえ合憲とするものだった。「原告（プレッシー側）の主張は、分離主義が有色人種に劣等の烙印《らくいん》を捺しつけるという前提に立っているが、これは誤りである」「たとえ有色人種が劣等意識を抱いたとしても、それは法律のせいではなく、自らの勝手な思い込みによるものである」などの判決文の文言は、分離主義が実際には差別をともなっていた現実に対する裁判官の無知をさらけ出している。しかしこの判決は、その後半世紀以上に及ぶ社会的不公正の時代の幕開けを宣告するものとなった。

こうして成立する人種分離体制《ジム・クロウ》の下で、社会秩序と生活空間での人種分離は法律により正当化された。人種的に分離された秩序と空間を満たす意識と価値観のなかで、「白人の優越」と「黒人の劣等」は確固たるものとされた。才能、能力、性格など人間を形作るあらゆる精神的、肉体的性質における二元論が成立し、運動能力もその例にもれなかった。知的能力だけでなく運動能力でも、白人は「優」であり、黒人は「劣」であると見なされた。

人種分離体制の確立と「白黒」二元論の成立は、白人スポーツ界における黒人の「不可視」化を促進させ、「裏の世界」での黒人スポーツの発展を促すことになる。黒人の運動能力が注目を集め、黒人アスリートが集団として白人アスリートに優る可能性が取りざたされるようになるまでには、まだ長い歳月が必要だったのである。

第Ⅱ章

人種分離主義体制下

――二〇世紀初頭～一九二〇年代

近代オリンピックの幕開け

一八九二年一一月、パリで貴族の家柄に生まれたピエール・ド・クーベルタン男爵（一八六三～一九三七）は、ソルボンヌ大学で開かれた「フランス運動競技連合創設五周年記念」の会議で、ギリシャで行われていた古代オリンピックの理念を再現するために、国際的運動競技会の開催を提案した。

それから二年後、フランス、イギリス、アメリカ、ギリシャ、ロシア、ベルギー、イタリア、スペインなどからの四七団体七九名の代表がソルボンヌ大学に集結し、クーベルタンの提案を満場一致で承認した。

さらに代表団は、二年後の一八九六年に古代オリンピック縁《ゆかり》の地ギリシャのアテネで第一回大会を開催し、その後四年ごとに各国の主要都市が大会を主催することも決定した。こうして近代オリンピックの端緒は開かれた。

クーベルタンは、普仏戦争での祖国の敗北を屈辱とともに受け止め、祖国の再建を図るために青少年の体力を増強する必要を痛感していた。彼のオリンピック構想は、その方策を求めてイギリスに留学したことから始まった。そこで彼は、パブリックスクールのラグビー校校長トーマス・アーノルド（一七九五～一八四二）による体育教育の理念と実践を学び、それをフランスの教育現場に応用する可能性を模索するようになる。

さらにクーベルタンは、ドイツの建築史研究者エルンスト・クルティウス（一八一四～九六）がペロポネソス半島での発掘活動を通じて導き出した「古代オリンピアの祭と競技こそギリシャ文化をつくり出した根底となったものである」との学説に強く心を動かされた。そして、国家間の利害の対立によって紛争の絶えない一九世紀後半のヨーロッパ諸国を、運動競技を通して交流させるために、古代ギリシャの知恵に学ぼうと決心する。クーベルタンの構想のうち、フランスへの体育教育の導入は不幸にも挫折するが、運動競技による交流は、アマチュアリズムとスポーツマンシップによって国際的な友好関係を築こうとする近代オリンピックの精神として結実したのである。

クーベルタンが先導した近代オリンピック運動は、ヨーロッパ全土を射程に捉えたヨーロッパ中心主義的なものであった。だが、その運動の波は東方の遠国日本にも届いた。日本で近代オリンピック開催を最初に取り上げたもっとも早い例の一つは、一八九六年（明治二九）三・四月日本体育会発行の『文武叢誌』に掲載された「オリンピア運動会 碧落外史」である。

外国新聞を閲するにいえるあり、オリンピア運動会の再興をはかるものあり、各国の士人すこぶるこれを賛すと、予、この美挙の成功を乞いねごう情に堪えず、今オリンピア運動会の梗概を記し、吉報に併せて之を青年諸君に分つ〔後略〕。

（伊東『オリンピック史』三一頁から重引）

アメリカでは、ヨーロッパと比した場合の文化的後進性を認めつつ、ヨーロッパの情勢を常に注視していた。アメリカは、イギリスに端を発する近代スポーツをすでに積極的に輸入し、普及させていたことも手伝って、オリンピック運動の強力な推進者となる。そしてアメリカは、多くの競技種目で主役を務めることになっていく。第一回大会より今日にいたるまで、アメリカの代表選手は大いに活躍し、メダル獲得競争で母国を高い位置につけてきた。

多元主義優越論と実際の参加者

のちにも見るように、アメリカの指導者たちは、自国選手団の強さを移民の国としての多元性、つまり、世界の異なる地域を出身地とする人びとが構成する国家の文化的、人種・民族的多様性に求めるようになる。多種多様な人びとからなる国家であるからこそ、多種多様な競技種目で最高の成績を収める人びとを輩出できるというわけである。

この多元主義優越論は、一九世紀末以降ヨーロッパの体育関係者の間で支持を集めつつあった「白人（ヨーロッパ人）こそ心身ともに最高の人種である」とする白人至上主義の主張と対立するかに見える。

しかしアメリカの指導者たちは、国内での白人、とりわけアングロ・サクソン人の優位を唱える白人至上主義を黙認しつつ、国家全体の構造と秩序を説明するために多元主義優越論を大いに喧伝した。白人至上主義と多元主義優越論が両立する状況は、第二次世界大戦の終了まで続くのである。

とはいえ、初期オリンピック大会での競技種目への参加者のほとんどは白人であり、多元性に限界があった。

第一回以降、第一次世界大戦が勃発する一九一四年までに開催された五度の大会（一八九六年アテネ、一九〇〇年パリ、〇四年セントルイス、〇八年ロンドン、一二年ストックホルム）を通じて、アメリカの選手で「黒人」であることがわかっているのは、わずか三名である。

そのうち二人は、第Ⅰ章の最後で紹介したジョージ・ポージとジョン・テイラーである。もう一人はフランク・ホームズである。ホームズはロンドン大会で立ち幅跳びに出場したが、メダル獲得は果たせなかった。後年、陸上競技種目の優勝、準優勝、入賞を独占することになる黒い肌の選手たちは、アメリカ以外の代表選手を含めても、オリンピックの黎明《れいめい》期にはほとんど目立たない存在であった。

当時の白人ヒーローたち

二〇世紀に入り、近代スポーツはアメリカで広く愛好され、全国的、さらには世界的な名声を得るアスリートが次々と現れる。しかしその多くは白人であり、黒人選手はなお人種分離体制の下で活躍の場が限られていた。

一九二〇年代になると、スポーツがマスメディアで大きく取り上げられ、社会で広く承認され、有能なアスリートが一般人の羨望と憧れの対象となっていく。アメリカ文化史では、この一〇年間を「近代スポーツの黄金時代」として位置付けることが少なくない。第一次世界大戦後、労働紛争、人種暴動、共産主義者に対する弾圧など、社会的な混乱や不安が高まるなかで、スポーツは一般庶民に、社会の醜い面から目をそらす、あるいは厳しい現実から逃避するための、憩いの時間となっていった。

その代表的な舞台となったのはベースボールである。二〇世紀に入るとすぐに、今日に続くナショナル・リーグとアメリカン・リーグによるメジャーリーグ（以下MLB）二リーグ制を確立し、国技としての地位を不動のものとした。MLBでは、「ベーブ」の愛称で知られるジョージ・H・ルース（一八九五〜一九四八）が、やはりもっとも代表的な選手であろう。ルースはドイツ系の両親に生まれ、孤児院で育ち、やがてマイナーリーグに入団後、ボストン・レッドソックスとニューヨーク・ヤンキースをわたり歩き、ホームランを量産して球史に不滅の地位を築いた。

大学スポーツとして人気を集めたフットボールでは、製材所の親方の家に生まれ、高校時代に頭角を現したハロルド・E・グランジ（一九〇三〜九一）がいる。グランジはディフェンスの壁をかいくぐってフィールドを快走し、イリノイ大学を一九二三年に八勝〇敗で全国優勝へ導き、全米学生代表にも三度輝いている。

上流階級の社交競技として欠かせなかったゴルフとテニスでも英雄が誕生した。ゴルフではボビー・ジョーンズ（一九〇二〜七一）が、テニスではビル・チルデン（一八九三〜一九五三）が一世を風靡《ふうび》していた。ジョーンズは神童と謳われ、一九二〇年代にメジャーで二〇戦一三勝を誇った。チルデンは一九二〇年からUSオープンで六連勝を飾っている。

ギャンブルの対象でもあり、労働階級に圧倒的な支持を受けたボクシングでは、ジャック・デンプシー（一八九五〜一九八三）がいる。デンプシーは酒場の乱闘で鍛え上げてヘビー級王者の座を射止め、リング上だけでなく映画界や社交界で衆目を集めた。ニューヨークのブロードウェイで開いたレストラン「ジャック・デンプシーズ」の経営でも成功を収めている。

一九二〇年代の花形アスリートの多くは、運と実力によって、全国的さらには国際的な著名人としての座を手に入れた。ルース、グランジ、デンプシーの生涯は、その典型である。社会の底辺の階層に生まれたこれらのアスリートは、次世代の若者たちにいわゆる「アメリカの夢」の体現者として、ロールモデルの役割を果たすようになった。この時代から近代スポーツ競技は、生計を立てる手段として社会的に認知され、経済的、社会的成功への手段として大きな存在を占めるようになったのである。

黒人スポーツの低迷

他方で、黒人アスリートはどうであったのか。当時の黒人スポーツの状況を見てみよう。

この時代の黒人は、なお、ほとんどがスポーツという活動と縁遠い生活を送っていた。その状況はとりわけ、奴隷制度が存在した時代から黒人たちの大多数が暮らしを送っていた南部で顕著であった。一九一〇年代に、第一次世界大戦勃発による好況によって南部の黒人たちが北部の都市へと大挙して移住するようになると、初等、中等教育を通してスポーツに関わる機会は増加したが、徐々にでしかなかった。一九二〇年代後半になっても、スポーツの練習や訓練は、多くの黒人にとって手の届かないところにあった。

限られた教育と練習の機会からは、限られた成果しか期待できない。それが、この時代の黒人スポーツ全般の不振を説明するもっとも確かな要因である。

ベースボールでは、人種分離が徹底されたといわれる一八九〇年以後も、プロやアマとしてプレイする選手は数多くいた。しかしこの時代の黒人リーグは、組織的な基盤が脆弱《ぜいじゃく》だったためにいずれも短命であった。

アメリカの黒人ベースボール選手は、カリブ海諸国の球団でプレイすることが少なくなかった。なかでもキューバは、アメリカに次ぐ長い球史を誇る国である。キューバの主要球団の一つハバナ・スターズは、一九一〇年にキューバで行われたリーグ戦で、当時MLB最高の打者であったタイ・カッブ（一八八六～一九六一）を擁するアメリカン・リーグの強豪デトロイト・タイガースを相手に三勝三敗の成績を残している。アメリカン・リーグの初代会長バン・ジョンソン（一八六四～一九三一）は、この結果を屈辱と受け止め、キューバでプレイするアメリカ国籍の黒人選手の契約書に、アメリカン・リーグのチームとの試合には出場してはならないとの一文を挿入するよう命じたといわれる。しかし第一次世界大戦以前の黒人ベースボール界から、ＭＬＢに匹敵するような連盟はついに現れなかった。

バスケットボールでは、競技としての成立からまもない時期だったとはいえ、アマチュアの中心だったカレッジスポーツには黒人選手が登場した。しかしいずれにせよ、全国的な注目を浴びる選手はほとんど存在しなかった。ほとんどの学生が白人からなる一般の大学での出場はきわめて制約されていたからである。黒人大学の選手は全般的にトレーニングが不足し、白人の大学チームで通用するような選手を輩出することはなかった。プロ組織は未発達で、ベースボール同様、混沌とした状態に置かれていた。

フットボールでは、一九一〇年代になると、のちに詳述するブラウン大学のフリッツ・ポラード（一八九四～一九八六）やラトガース大学のポール・ロブスン（一八九八～一九七六）のように異彩を放つ選手が現れる。いずれも実力が認められ「フットボールの父」ウォルター・Ｃ・キャンプによって、全米学生代表に選抜された。

だが黒人のフットボール選手が話題を集めることは、きわめて例外的だった。プロフットボールは、一九二〇年に一一チームからなるアメリカン・プロフェッショナル・フットボール・アソシエーション（ＡＰＦＡ）が創設され、ようやく安定した制度化の端緒が開かれた。

ＡＰＦＡは一九二二年にナショナル・フットボール・リーグ（以下ＮＦＬ）へと改名する。以後一九二〇年代を通じて、少しずつだが黒人選手が増えるようになる。

陸上競技では、一般の大学に所属した少数の黒人選手が、オリンピック代表選手として名を残したのみである。公立の初等・中等教育や黒人大学は、指導者不足、トレーニング不足、組織化の未熟さなどに阻まれ、全国レベルの競技会で太刀打ちできる実力のある選手を養成するまでにいたらなかった。

変化の兆し

ボクシングには実力者もいた。たとえば、ジョー・ガンズ（一八七四～一九一〇）は、ライト級で黒人初の世界タイトルを獲得した。カナダ出身でミドル級のサム・ラングフォード（一八八三～一九五六）は、現在スポーツメディアの定番となったＥＳＰＮ（Entertainment and Sports Programming Network）から「もっとも偉大な無名ボクサー“Greatest Fighter Nobody Knows”」と評価されている。しかし、ボクシングでもっとも注目を集めるヘビー級では、一九一五年にジェス・ウィラードがハバナでジャック・ジョンソンを倒して以降、白人王者が復活し、二〇年代にはジャック・デンプシーの時代が到来することになる。

競馬では、アイザック・Ｂ・マーフィーの凋落以後、ウィリー・シムズ（一八七〇～一九二七）やジミー・ウィンクフィールド（一八八二〜一九七四）といった黒人騎手の活躍も見られた。ケンタッキー・ダービーで、シムズは一八九六年と九八年に、ウィンクフィールドは一九〇一年と〇二年に優勝している。しかし、この二人は例外的な存在だった。全体としては、黒人騎手は二〇世紀に入ると徐々に締め出され、競馬は黒人排除がもっとも徹底した競技として知られるようになる。その理由は、競馬を主催した上流階級の人びとが意図的に排除を進めたからだといわれる。

他方、世界王者マーシャル〝メジャー〟・テイラーの活躍が注目を集めた競輪の世界でも、貧困に陥り、人びとの記憶から抹消されたテイラーの暗い晩年に象徴されるかのように、黒人の後継者は絶たれてしまった。

各競技種目での黒人アスリートの才能と演技《パフォーマンス》は、繰り返し述べてきたように、当時主流メディアに取り上げられず、一般大衆の話題に上ることもめったになかった。けれども、三勝三敗でデトロイト・タイガースと引き分けたハバナ・スターズの例にもあるように、優れた黒人アスリートやチームは存在し、白人のライバルと対等の実力を示してきた。断片的であるとはいえ、当時の史料は、黒人アスリートの能力が決して低いままではなかったことを伝えている。

当時、その数は限られていたとはいえ有力な黒人アスリートは存在し、そのなかには白人選手を凌ぐ成績を残した者もあった。そうした黒人アスリートは、自己をどう評価し、また他方で周囲の人たちによってどう評価されたのであろうか。そして、今日でいう身体能力ステレオタイプの歴史的な文脈上、どのように位置付けるべきであろうか。

これらの問いに答えるため、先に挙げたフリッツ・ポラード、ポール・ロブスンの二人を取り上げたい。一九二〇年代にフットボールで活躍したこれら二人の黒人アスリートについて、詳細に見ることにする。

黒人初の選手・ヘッドコーチ――F・ポラード

フレデリック・ダグラス・〝フリッツ〟・ポラードは、連邦最高裁によるプレッシー対ファーガソン裁判の二年前にシカゴで生まれ、スポーツ界の人種統合を見届けた後、肺炎を患い、九二歳で人生を終えた。その業績は、フットボール選手およびコーチとしてのキャリアと深く関わっている。

ポラードは、ブラウン大学時代の一九一六年に、アメリカで最古のボウル・ゲーム（シーズン後に有力カレッジチームが一対一で雌雄を決する対抗戦）として知られるローズボウルにハーフバックとして、黒人として初めて出場した。翌シーズンも活躍し、チームが八勝一敗という好成績を収める原動力となる。このとき、ブラウン大学はイェール大学に二一対六、ハーバード大学に二一対〇で勝利した。ブラウン大学が一シーズンにこれらアイビーリーグの双璧を打ち破ったのは、一八七八年から始まるチーム史上初の快挙だった。

この年、「フットボールの父」ウォルター・キャンプから全米学生代表に指名される。黒人としての指名は、ハーバード大学のウィリアム・H・ルイスに次いで二人目である。さらに彼は、NFLの前身であるAPFAで黒人初の選手となり（一九二〇年）、また黒人初のヘッドコーチとなった（二一年）。

エリートの家系に生まれて

ポラードは、独立戦争の最終年に解放され、自由を獲得したバージニア州の奴隷を父方の祖先とする。彼の父ジョンは、一八四六年に独立農民のコミュニティに生まれ、南北戦争が勃発すると志願して、第八三黒人歩兵隊の太鼓兵として従軍した。非公式ではあるが、隊のライト級ボクシング王者でもあった。終戦後、白人から理髪士としての技を学ぶ一方独学で教養を身に付け、ミズーリ州にわたり、黒人、先住民、白人の血を引く女性キャサリンと一八七四年に結婚した。ジョンとキャサリンは八人の子どもに恵まれたが、ポラードはその七番目にあたる。両親は一八九三年に開催されたシカゴ万博で、第Ⅰ章冒頭で紹介したフレデリック・ダグラスの雄弁な演説に感動し、この偉大な指導者の思想と人物にあやかるために、

F・ポラード

その翌年に誕生した男児にフレデリック・ダグラスと命名した。フリッツは、その通称である。

ポラードが誕生するまでに、ジョンは理髪業で成功し、黒人家族としては経済的に恵まれた地位を築いていた。一家は、一八八六年にミズーリ州からイリノイ州シカゴ市へと転居し、ミシガン湖岸のロジャーズ・パークという白人居住地区に落ち着いた。ポラードは、前章で紹介した、恵まれたほんの一握りの黒人の一人だったということができる。

ポラード自身も、時流を読んで起業する才覚と運動能力に恵まれた。大学時代には、夏季休暇になるとニューポートの高級ホテルで働いて人脈を育て、キャンパスでクリーニング業を営んで小遣いを稼いだ。運動能力でも父親に引けを取らず、ハイスクール時代に主要競技で郡の選抜チームにしばしば指名された。

しかしポラードは、学力面では家族の期待に応えられなかった。ハイスクール時代の成績も振るわず、進学を志したものの、第一志望のノースウエスタン大学には不合格となった。その後、しばらく運動能力を売りにしてダートマス大学、ハーバード大学、ブラウン大学など北部の名門校を転々とした。大学スポーツの組織化が未熟であった当時、財力と運動能力のある高校卒業生は、黒人であってもこのような「放浪」が許されたのである。結局彼のフットボールの能力を高く買っていたブラウン大学から、スペイン語の補習を条件に入学を認められた。ブラウン大学はポラードの孫まで三代にわたって一家の学び舎となる。

第一次世界大戦終了後の混乱の中で、ポラードはブラウン大学での就学を断念し、カレッジフットボール選手時代のコネを利用して、草創期のNFLと深く関わることになる。この時期の開拓者としての働きによって、すでに見たように、ポラードは歴史上に確たる地位を得るのである。

同時に起業家としてさまざまな事業に身を投じた。しかしいくつもの会社を立ち上げたが、そのほとんどが失敗に終わっている。それでも、カレッジフットボール殿堂入り（一九五四年）およびプロフットボール殿堂入り（二〇〇五年）によって、彼のアスリートとしての功績は広く社会に告知され、顕彰された。

プライベートでは放蕩で派手好きであり、家庭を顧みない性格だった。ブラウン大学入学前の補習生時代に駆け落ちまでして結ばれた妻エイダと離婚し、コーラスガールとして働いていたメアリー・オースティンと一九四七年に再婚した。エイダとの間の同名の息子が、陸上競技で全米学生代表に選ばれ、一九三六年ベルリン五輪の一一〇メートルハードルで銅メダルに輝き、父の届かなかった夢をかなえたことは、ポラードにとって生涯の喜びとなった。

P・ロブスン

ポール・リロイ・バスティル・ロブスンは、国内外いずれでも、ポラードよりはるかに著名で、影響力も大きかった人物である。ロブスンの名はアスリートと同時に、否それ以上に、アメリカでは俳優、オペラや黒人霊歌の歌手、政治活動家、公民権運動家として知られ、その多大な業績とともに、今日なおアメリカ文化史上の巨星として位置付けられている。

ロブスンは、ニュージャージー州プリンストンに生まれた。父ウィリアムはノースカロライナ州に奴隷として生まれたが、逃亡して自由の身となり、ペンシルバニア州のリンカーン大学を卒業後、長老派の牧師としてロブスン生誕の地プリンストンに派遣された。母マリア・バスティルは奴隷制廃止論者としてクエーカー教徒の自由黒人の名門バスティル家の末裔であり、肌の色が薄かった。前章で述べたように、肌の色の濃淡にきわめて敏感だった当時の風潮のなかで、バスティル家の一族は肌の黒かった父ウィリアムとその子どもたちを冷遇した。そのため、バスティル家とロブスンとの関係は生涯あまりよくなかった。

P・ロブスン

ロブスンは、五歳のときに、大火傷を負う事故で母を亡くした。しかし五四歳差だった父の厳しい教育と四人の兄姉の愛情に育まれ、幼少期から音楽の才能を開花させ、また勉学に励み、スポーツにも力を注いだ。サマーヴィル高校では、音楽、演劇、運動面で十分に才能を発揮しただけでなく、学業にも優れ、首席で卒業している。また同校は人種的に統合された環境であり、生涯を通じてロブスンが人種統合に肯定的かつ積極的な姿勢を貫く基礎は、ここでつくられた。高校三年のとき、州の奨学金試験に合格し、独立革命前に起源を持つ名門伝統校ラトガース大学への入学を決めた。ロブスンはラトガース史上黒人として三人目の入学者であり、学生時代の四年間を通じてただ一人の黒人在学生だった。

ロブスンはラトガース時代も文武両道で鳴らし、フットボールのみならずベースボール、バスケットボール、陸上を含む一五もの競技種目で代表選手に選ばれている。フットボール部では先輩から過激なしごきを受けたが、それに耐え抜いてレギュラーの座を確保した。人種主義による暴力や差別とそれを克服した勇気と忍耐力は、今日なお語り継がれている。選手としても全米を代表する実力者として認められ、一九一七年と一八年にウォルター・C・キャンプによって全米学生代表に選出された。さらに、学業でも、歌手や弁論家としても高く評価され、ラトガースの優秀な学生で組織するキャップ・アンド・スカルというクラブへの入会が認められた。卒業式ではクラスメートの推薦を受けて総代を務め、「新しい理想（The New Idealism）」と題する演説を行った。

卒業後、コロンビア大学のロースクールに進学したが、学位取得後、のちに見るように人種的な差別を受け、弁護士としてのキャリアを断念し、俳優および歌手として芸能の道で生計を立てる決心をする。結果的に、ロブスンはこの道で国際的な大成功を収め、世界的な名声と地位を得るにいたる。

一九三〇年代以後、政治的、思想的に、社会主義体制のソ連を強く支持し、また社会的、文化的に深く関わったため、第二次世界大戦後に反共主義の嵐が吹き荒れるなかで厳しい批判と弾圧に遭い、パスポートを取り上げられ、幾度も自殺を図るほどにまで精神的に追い詰められた。強靭な肉体と精神を持つロブスンがそこまで追い詰められたのは、CIAの工作によって幻覚剤を飲まされたからだとの説もある。晩年は公的な場に姿を現すことも減り、七七歳で人生の幕を閉じた。

私生活では、ニューヨーク市のコロンビア長老派教会医療センターの病理検査室に勤務していたエスランダ（〝エシー〟）・カルドソ・グード（一八九六～一九六五）と出会い、一九二一年に結婚し、二七年に一子を儲けた。エシーはユダヤ系白人で連邦最高裁判事のベンジャミン・N・カルドソ（一八七〇～一九三八）を親戚に持つ名門の出身だった。新婚夫婦の蜜月時代は長く続かず、ポールの女性関係が一因となって夫婦関係は緊張したが、お互いの利益のために、生涯の伴侶としての関係を維持した。

「劣等」人種の「優越」選手として

ポラードとロブスンの二人はアスリートとして、時代を超えて、アメリカンスポーツ史上に傑出した業績を残した。ロブスンの場合は、スポーツ分野以外でも大きな功績を残している。では、アスリートとしての二人は、そして当時の人びとは、それぞれの運動能力をどう理解、解釈、評価したのだろうか。

まず当時の報道は、二人の運動能力をどのように解説したのだろう。ポラードが全米学生代表に選出された一九一六年シーズンの一一月一一日に、イェール大学に二一対六で勝利した直後、『ニューヨーク・タイムス』紙はこう報じている。

敏捷で、黒い肌《ダスキー》をした六フィートのハーフバックは、今シーズンのイェールとの試合で、後衛攻撃陣として最も見事なオールラウンドな成功を収めたといえるだろう。

(*New York Times*, November 12, 1916)

それから約一ヵ月後、シーズンを振り返る記事のなかで、同紙はこうまとめている。

イェール・ボウル、ハーバード・スタジアム、そしてプロビデンスのアンドリュース・フィールドの観客は、ブラウン大学バックスの黒人《ニグロ》選手フリッツ・ポラードを忘れることはあるまい。彼は、六年間に一度出るか出ないほどの素晴らしい選手だ。その存在は競技場に輝いている。彼は天性のフットボール選手といえるだろう。

(*New York Times*, December 10, 1916)

二つの記事には、興味深い指摘がある。たとえば前者ではポラードを「六フィートのハーフバック」としているが、明らかな誤記である。ポラードの実際の体格は五フィート一〇インチ、一六五ポンド(一七八センチ、七五キロ)にすぎず、フットボール選手としては小柄である。ポラードの伝記をまとめたジョン・キャロルは、その理由をこう述べる。「当時の白人記者は先入観にとらわれており、小柄な黒人選手が大柄な白人選手を凌ぐプレイを見せるなど、想像することも、承認することもできなかった。記者は自衛と釈明の必要から、ポラードが大柄な体軀であると想定せざるを得なかったのではないか」(Carroll, *Fritz Pollard,* p.103)。

他方で、『ニューヨーク・タイムズ』紙の記者は、ポラードの活躍に対して「最も見事な」、「オールラウンドな成功」、「素晴らしい」、「輝いている」など、手放しの賛辞を与えている。これは、ポラードの選手としての卓越ぶりをメディアが認めていたことを伝えるものである。

ロブスンの運動能力もまた、だれもが認めるものであった。当時の談話や報道は、この点も伝えている。ウォルター・C・キャンプの評価がきわめて高かったことは、一九一七年の「ポール・ロブスンは競技史上最高の選手だ」というコメントからも明らかである。ラトガース大学時代に一五もの競技種目で代表選手に選考されたことにも、大学コミュニティの彼への評価の高さがうかがえる。

卒業後、演劇と音楽の道に進もうとする彼は、ポラードら友人や大学関係者によってフットボール界に引き留められ、一九二一年にNFLのアクロン・プロスへ、翌年にミルウォーキー・バッジャースへ入団した。これらの事実からも、ロブスンの運動能力への期待の高さがわかる。

ロブスンの運動能力に対する社会的関心は、思わぬかたちで表面化したこともあった。一九二二年、ロブスンが出場するフットボール試合を観戦していた二人のボクシングプロモーターが、試合後ロブスンに歩み寄った。二人は世界ヘビー級王者ジャック・デンプシーを倒せる「偉大なる黒人の希望（Great Black Hope）」を探していた。そしてロブスンに白羽の矢を立て、巨額の報酬を提示したのである。ロブスンは即座に断ったが、この話を聞きつけたコラムニストのローレンス・ペリーは、ロブスンのボクシング界への転向をほのめかす記事を書いている。その記事は多数の新聞に流れ、噂は全国に広がった。ロブスンはラトガースのOBネットワークを使って抗議し、ペリーも訂正記事を発表し、事態は収束に向かうことになったが。

黒人コミュニティのマイノリティ

しかし、いかに優れた運動能力を持っていたとしても、ポラードやロブスンの実績は、現代的な意味での「黒人の身体能力は優れている」というステレオタイプの根拠にはならなかった。二人は、自分が黒人社会のマイノリティであることを強く自覚し、それを逆手にとって、社会的に上昇しようという気概にあふれていたからだ。そのような意識と立場からは、自分が黒人全体を代表したり、象徴したりする自己認識は生まれにくい。
ポラードは、黒人のなかのマイノリティとしての自覚を、次のように表現している。

コーチも白人、選手も白人、観客も白人。六〇年もたったいまになって、そんな状態に文句を言うつもりはない。当時はそれが当たり前だった。一九〇〇年代に大学に入るような黒人《カラードメン》は、ほとんどいなかったし、運動で白人と争おうなんてやつはもっといなかったんだから。

（Carroll, *Fritz Pollard*, p.41）

ポラードが、白人コミュニティと深く結びつくことで地位を築いた自由黒人の家系であったことはすでに述べた通りである。
ポラードは、生まれたときから、恵まれた経済力ゆえに白人コミュニティに居住する例外的黒人一家の一員として育った。そんな恵まれた環境にあって、彼は、経済的、社会的に白人コミュニティに拠点を置きながら、黒人コミュニティを思いやるという二元性のなかで成長した。それでも、彼もその家族も、どちらかというと白人側に近い立場に立ち、白人に近い意識を持つために努力していたようである。彼は幼少期から大学に入るまで、黒人であることとは何か、白人とつきあうこととはどういうことかを常に自問自答し続けた。そして一つの答えとして、成功に必要な条件は、「黒人」でありながら「白人」であるかのごとく考え、振る舞うこと、つまり「白人化」にあることを悟ったと、ポラードは晩年に語っている。ロブスンも自由黒人の家系に生まれた。特に母方のバスティル家は、ロブスン家とは疎遠であったにせよ、自由黒人のなかでも特権的エリートの家系であった。その意味で彼は、黒人全体から見ると、一握りの恵まれた環境に育ったことになる。母親を幼少期に失ったとはいえ、学識のある父親と才能あふれる兄姉に囲まれて早期から才能を開花させ、高校では州の奨学金を獲得するという名誉を得た。これは、当時の黒人にほとんど期待できない例外的な経験である。

卒業後、ニューヨークのハーレムに転居し、ニューヨーク・ルネサンスを支える数多くの黒人知識人・芸術家との交流のなかで、ロブスンが黒人性を意識し、黒人としての強いアイデンティティを育むことになったのはよく知られている。しかし少なくとも大学時代までの彼は、一般の黒人と隔てられた特殊な環境で成長した。そんな彼が、黒人コミュニティとの強い精神的な絆を形成していたとは考えにくい。むしろポラードに近い意識と立場にあったと考えるべきであろう。

人種分離主義の現実とは、繰り返すまでもなく、黒人性をあらゆる意味での劣等を意味するものとして受け止めることである。そして、公的空間での黒人の存在を徹底して無視し、黙殺することである。そのようななか、ポラードやロブスンのような黒人たち、つまり黒人社会の例外的な地位にあった人びとは、白人社会のマイノリティとして自己を位置付け、その一員になりきろうとした。二人は生まれてから、少なくとも大学時代までは、そうした努力に余念がなかった。また、そうして歩み寄る黒人のマイノリティに対して、白人社会は一定の制約内で寛容だった。有能かつ優秀な黒人の「白人化」をめざした努力を、歓迎さえしたのである。

その理由は、彼らの歩み寄りが白人の優越を証明したからである。白人社会にとって、優れた能力を発揮した黒人はもはや黒人ではなかった。それは「白人化」された人間でなければならなかった。優秀な黒人は例外的存在として黒人コミュニティから切り離され、白人コミュニティの末端に位置付けられた。黒人社会の上層部をなすマイノリティは、「白人化」の特権を認められ、承認を得たのである。

「いかなる白人よりも白人らしい」

白人による優秀な黒人アスリートの例外扱いを、具体的に見てみよう。

一九一六年一一月一八日、ブラウン大学がハーバード大学を二一対〇で破った後のことである。勝者たちはプロビデンスで大観衆に迎えられた。ダウンタウンから始まったパレードは、大きなかがり火が焚かれたブラウン大学キャンパスの中央広場リンカーン・フィールドに到着した。大学の著名人数名の祝辞に続いて、ウィリアム・ファウンス学長はイェール大学とハーバード大学に対する勝利について、次のような演説を行っている。

本学のフットボールチームもようやく一人前になり、自分で自分の面倒をみることができるようになった。お金のためにフットボールをする選手もでてきたが、本学は、そんなやつとは無縁である。フリッツ・ポラード君こそ、チームのいかなる白人よりも白人らしい選手である。

(Carroll, *Fritz Pollard*, p.106)

ファウンス学長のこの発言を理解するには、少々説明が必要である。一九一〇年代になると、スポーツにおける大学間の競争が激化し、金銭でコーチを雇い入れるチームが増加した。ハーバード大学も数年前にアマチュアリズムを放棄し、実力あるコーチを雇う方針に切り替えていた。学長は、ブラウン大学がそんなハーバード大学を相手にコーチも選手もみな自前で戦い、勝利を収めたことに対して、「自分で自分の面倒をみることができる」「ようやく一人前」になったとして賞賛したのである。

これは当時の男性にとっての目標であった、独立自尊を旨とする「男らしさ(マスキュリニティ)」の思想に裏打ちされたものである。とりわけポラードは、勝利の立役者だったがゆえ、選手のなかでももっとも男らしくかつ一人前であると賞賛された。こうしてポラードは、「いかなる白人よりも白人らしい」とされたのである。

「黒人じゃない。やつは白人だ」

ロブスンも類似した経験をしている。一九一七年一一月、ロブスンにとってラトガース大学での三年目で、最初の全米学生代表に輝いたシーズンでのことだった。ウエストバージニア大学との対抗戦の直前に、同大のヘッドコーチだった〝グリーシー〟・ニールは、黒人と試合をするのを嫌って、ラトガース大学のヘッドコーチだったジョージ・F・サンフォードにこう頼み込んだ。「うちのチームの選手には南部出身者がいる。やつらは黒人とは試合をしないと言ってる。どうだ、ロブスンをベンチにひっこめてくれないか」(Harris, "Paul Robeson," p.39) と。

しかし、かつて同じようなケースで要求を受け入れ、ラトガース大学のキャンパスに戻ってから大騒ぎに巻き込まれた経験のあったサンフォードは、きっぱりとこれを拒んだ。そしてこう言った。「とんでもない。試合を捨てろとでもいうつもりか。ロブスンなしではうちは試合にならん。やつはチームの要だ」ニールは「ならば仕方ない。だがいっておく。やつが殺されても知らんからな」（同前）と捨て台詞を吐き、試合は行われた。
前半終了後のハーフタイム、激戦だった前半を振り返り、ニールは選手たちに次のように語った。「おまえたち、よくやった。ロブスンをマークして、こてんぱんにやっつけてくれた。だがやつはキレることもなく、じっと我慢してきた。あんな目にあっても音を上げないやつは、黒人じゃない。やつは白人だ。いいかおまえたち、ここから先がほんとの勝負だ。しめてかかれ。全力でぶつかれ。やつらに目に物みせてやれ」（同前）
結局試合は、終了間際のロブスンによる自陣前二ヤードでのタックルがチームを救い、引き分けとなった。ニールは試合終了後、こう語った。「ガッツだ。やつはガッツの塊だ。やつの足は切り傷と打撲だらけで、ストッキングを脱いだ脚の皮はぼろぼろだ。それでも最後まで闘い、われわれをここまで苦しめたのだから」（同前）
ロブスンのガッツは、スポーツならではのメッセージを相手陣営に届けたようである。試合終了後、相手チームの選手に温かい感情が芽生えた。ロブスンはそのときの情景をこう述べている。「敵チームの選手はすべて私の前に整列し、一人ひとりが私に握手を求めてきた」と。ポラードの場合と同様、人一倍の精神力で奮戦したロブスンは、「白人化」の名誉を与えられ、認められたのである（同前）。
人種分離社会では、ごく限られた少数の有力で有能な黒人は、自らを白人社会の一員と見なし、また白人社会からそう見なされることによって、自分の場所を確保することが可能であった。このような関係を支えたのは、白人と黒人との双方向的、互恵的な自己規定と認知である。この関係のなかで、黒人は承認され、白人は人種としての優越を確認され、人種分離主義は正当化された。

このような言説と表象が浸透するなか、「黒人ゆえの優越」「黒人ゆえの卓越」という発想や着眼は起こらなかった。庶民であろうと、エリートであろうと、当時の人びとは集合的な意味での黒人の優越という概念とは、まったく無縁であった。ポラードとロブスンの全盛期は、黒人の身体能力ステレオタイプが形成される以前の時代だったのである。

体育教育の普及

繰り返し述べてきたように、分離主義の時代に黒人は、集団として全面的に劣った存在として捉えられていた。そのなかにあって、ポラードやロブスンといった才能に恵まれた人びとは、「白人化」し、また「白人化」され、白人社会の底辺部に自分たちを位置付け、自分たちの場所を見出していた。だが、黒人が優れたアスリートであるという認識は、時代が下がるにつれて広がっていくようになる。

ここでは二つの観点からその要因について考えてみたい。その一つは義務教育や社会教育でのスポーツの実践である。もう一つは黒人にとっての職業選択の制約である。

第一の点は、一九二〇年代から三〇年代にかけて、北部の都市を中心にスポーツ関連の施設が次第に整備され、義務教育での指導が浸透したことに始まる。かつてエリートの余暇・娯楽であった近代スポーツは、移民や貧しい人びとの手にも届くようになった。各州都市の人口集中地区では、公共のレクリエーションセンターが設置され、工場、教会、アーバンリーグ支部、YMCA、YWCAなどが市民の教育と福祉のために、スポーツの場を提供し、あるいはスポーツ教室を開設した。

たとえばデトロイト市では、第一次世界大戦後、公立小学校の施設を夜間一般に開放し、また公立中学校の施設を夕方に開放し、市民がスポーツに取り組むことを積極的に促した。公立中学校、高等学校は、体育館を増設し、運動場を拡大して、急増する市民のスポーツ参加に対する需要に応えようとした。こうした新しい設備と環境は、海外からの移民だけでなく、一九一〇年から三〇年にかけての南部からのいわゆる「大移動」によって北部に大挙して到来しつつあった黒人の新参者に、体力を増進しスポーツの技を上達させる格好の機会を提供したのである。

次章で見るが、陸上競技の覇者ジェシー・オーエンス（一九一三〜八〇）も、ボクシングヘビー級王者ジョー・ルイスも、いずれも一九一〇年代前半に深南部に生まれ、大移動の波に乗ってそれぞれクリーブランドとデトロイトという北部の都市に移住し、オーエンスは中学校で陸上競技の指導を受け、ルイスはレクリエーションセンターでボクシングのトレーニングを受け、人生を大きく変えることになる。二人の思春期に見られたスポーツとの運命の出会いは、一九三〇年代に数多く現れる優れた黒人アスリートたちの多くが経験したものである。

若年期の経験と選手参入

少年時代にスポーツと出会った黒人たちのなかからは、スポーツの技能を認められて大学に進学し、フットボールとバスケットボールなどで活躍し、両大戦間の時代のキャンパス文化を大いに盛り立てた人材が輩出された。他方ベースボールは、この頃からカレッジスポーツとしての人気を失っていく。

フットボールで戦後NFLでデビューを飾るケニー・ワシントン（一九一八〜七一）、ウッディ・ストロード（一九一四〜九四）、さらには、のちに詳しく見るが、MLBでデビューを果たすジャッキー・ルーズベルト・ロビンソンらがカリフォルニア大学ロサンゼルス校（以下UCLA）の黄金時代を築いた。

バスケットボールでは、のちにノーベル平和賞を受賞するUCLAのラルフ・J・バンチー（一九〇四〜七一）、血漿《けっしょう》の研究者として大成するアマースト大学のチャールズ・R・ドリュー（一九〇四〜五〇）、全米学生代表に選出されるコロンビア大学のジョージ・グレゴリー（一九〇六〜九四）らが注目を集めた。

一九三〇年代に優れた黒人アスリートを輩出した五つの競技種目、バスケットボール、フットボール、ベースボール、陸上、ボクシングのうち、ボクシング以外はすべて義務教育で導入された競技であり、ボクシングは都市の貧困階層に広く浸透した競技であった。このことは、幼少期と学童期における環境の整備と機会の提供が、アスリートとしての成長と成功にいかに重要であったかを物語っている。

逆に言えば、若年期に経験できなかった競技種目には、黒人アスリートはほとんど参入できなかったのである。その影響は今日に及んでいる。一九三九年にエドウィン・B・ヘンダーソンが著した、最初の黒人スポーツの歴史的概説書として名高い『スポーツにおける黒人』の記述は、おおむね現代にも当てはまる。

記録によれば、以下の競技種目では黒人《ニグロ》のチャンピオンは誕生していない。アーチェリー、オートレース、バドミントン、ビリヤード、ボブスレー、ボウリング、カヌー、キャスティング〔投げ釣り〕、チェス、コートテニス、クリケット、カーリング、フェンシング、体操、ハンドボール、ホッケー、馬蹄投げ、アイススケート、ラクロス、ローンボウリング、競艇、ポロ、ラケットボール、漕艇、ラグビー、スキート射撃、クレー射撃、スキー、スクワッシュ、水泳、卓球、レスリング、ヨット。

(Henderson, *The Negro*, p.220)

これらは義務教育で取り上げられるものでも、黒人貧困層に浸透したものでもなかった。

職業の制約とスポーツという新しい地平

黒人が優れたアスリートであるという認識が広がったもう一つの理由は、黒人にとって職業選択がきわめて制約されたなかで、スポーツが開かれた新分野として現れたからである。一九世紀末以来人種分離主義は広がったものの、実力主義の風潮が強い新興のスポーツ産業は、一九二〇年代以降相対的に偏見や差別が少ないキャリア形成の機会として出現する。スポーツ産業は、才能と野心にあふれる若者たちに新しい地平を切り拓き、明るい将来像を描く契機を与えた。新興産業への期待と人材の集中は、一九三〇年代に黒人アスリートが台頭する舞台を用意したといえよう。

フリッツ・ポラードの人生を例にとってみよう。彼の家系が実業とスポーツ両面での成功者を輩出したことはすでに見た。ポラードもその血筋に逆らわず、生涯を通じて実業とスポーツ両面での成功を追い続けた。しかし一九二九年の大恐慌によって経営していた証券会社は倒産し、一文無しになる。その後ジャーナリズム、石炭業、出版業、電気機械業など多方面での起業を試みたが、ことごとく失敗に終わった。ポラードは、運動選手時代の人脈に頼ってかろうじて生計を立て続けた。ポラードの体験は、一九二〇年代初頭のアメリカ社会における黒人にとって閉ざされた領域と開かれた領域の実情を垣間見せてくれる。

他方、すでに述べた通り、学業面でも優れた資質を持っていたポール・ロブスンは、ロースクールの卒業を間近に控えた一九二二年、運動選手としてのキャリアを断念し、法曹界で生きるか、歌手や俳優として芸能の道を選ぶかで揺れていた。法律家としてのキャリアがもたらす安定と地位に、より強く惹かれていたことを示唆する証言も残っている。しかし新妻エシーは懐疑的だった。彼女は、一九二九年に出版した回想録でこう述べている。

法曹界に入ってどこまで成功できるだろう。ここはアメリカ、彼は黒人《ニグロ》、出世できるはずもない。演劇界に入ったら、一番下から始めても彼ならトップに立てる。法曹界に入ったら、うまくいってもせいぜい真ん中くらいがいいところだ。私は、演劇のほうが彼のためだと、最近ますます強く思うようになっている。でも、これはうまく伝えないといけない。彼は保守的な家族に育ったから、保守的な考えを持っているにちがいない。彼は演劇がまじめな職業だなんて考えたこともないはずだ。最近、質の高い演劇に連れて行くようになってから、彼も随分興味を持つようになっているけれど。

(Robeson, Jr., *The Undiscovered*, p.56)

エシーの疑念は、その後ポール・ロブスン自身の経験から現実化する。一九二三年二月ロースクールを卒業したロブスンは、ラトガース大学の人脈を頼ってOBのルイス・ストッツベリーがニューヨーク市で経営する法律事務所に職を得た。ここでも黒人は、秘書を含め全社員で彼一人だった。職場の空気は冷たく、秘書からは「黒ん坊《ニガー》の口述筆記はイヤ」と拒絶された。ストッツベリーは、ロブスンの才能を賞賛する一方で、率直にこう述べた。白人の有産者は財産を黒人に任せようとはしないし、裁判で不利になるのを恐れて黒人に弁護を依頼しようとはしないと。

その上でストッツベリーは、ロブスンに残された可能性を提示した。それは、ハーレムに開設されることになっていた支社の責任者となることである。しかしロブスンはこれを辞退し、法律事務所を辞めた。ロブスンはのちにその理由を語っている。「最高の地位に就くことを最初から否定されているような職業に、就くつもりなど毛頭なかった」(Duberman,

Paul Robeson, pp.54-55)。法曹界への道をあきらめ、俳優業に賭ける決断はこうして下された。

二〇世紀最初の四半世紀、突出した才能を持っていたとしても、黒人には職業がきわめて限定されていた。芸能界とならんで、スポーツ界はその限定されたなかのもっとも有望な世界だった。義務教育や社会教育によって才能に目覚め、アメリカンドリームをめざす野心ある若者に開かれた数少ない出世への道がスポーツだったのである。このような状況下、多くの若者がアスリートとしての成功をめざして動き始める。

身体能力ステレオタイプの前提

一九三〇年代に入ると、黒人が集団として優れた身体能力を持つという論者が現れ、現代的なステレオタイプの原型ともいえる言説や表象が登場する。具体的には次章で述べるが、こうした新たな展開を可能にした前提を三点指摘したい。

第一は、黒人アスリートの数的、比率的な増加である。スポーツは学校教育や社会教育で奨励され、スポーツ産業はキャリア形成の場として発展を始めた。社会底辺ではプロ選手をめざす若者たちが増加し、一九二〇年代から三〇年代にかけて、次々とその才能を発揮し始めたのである。

ベースボールでは、黒人《ニグロ》ナショナル・リーグや、サザン黒人《ニグロ》リーグなど、財政基盤が安定した連盟が結成され、そのなかから怪腕投手サチェル・ペイジ（一九〇六～八二）、ホームラン打者ジョシュ・ギブソン（一九一一～四七）、快足クール・パパ・ベル（一九〇三～九一）など球史に残る大スターが続々誕生する。黒人《ニグロ》リーグにはMLB以上の実力を有する選手が少なくないと噂されるようになり、球界の人種的統合が主張され始めた。

バスケットボールでは、一九二三年設立のニューヨーク・ルネサンス（以下レンズ）や、正確な起源は諸説あり定かでないが、二〇年代後半に設立したとされるハーレム・グローブトロッターズなどのクラブチームが全国を巡業し、興行向けの妙技で観客を魅了した。

フットボールでは、オレゴン大学からシカゴ・カージナルスへ進んだジョー・リラード（一九〇五～七八）やデュケイン大学からピッツバーグ・パイレーツ（現スティーラーズ）へ進んだレイ・ケンプ（一九〇七～二〇〇二）ら選手が、ポラードやロブスン引退後に登場した。リラードやケンプら黒人選手は、一九三三年にオーナーの間で黒人排除を目的とする暗黙の「紳士協定」が成立するまで、NFLでオールラウンドのプレイを披露した。

もちろん、陸上とボクシングでも、全米の注目を集める選手が次々と快挙を達成していた。黒人アスリートのプレゼンスの高まりは、黒人のオリンピック代表選手が一九三二年のロサンゼルス大会での四名から三六年のベルリン大会での一九名へ、メダル獲得者数が三名から九名へと増加したことにもうかがえる。

表1　五輪でメダルを獲得したアメリカ黒人選手
（1932年ロサンゼルス，36年ベルリン）

	名前	競技種目	メダル	記録
ロス五輪	エディ・トーラン	100m	金	10秒3
		200m	金	21秒2
	ラルフ・メトカーフ	100m	銀	10秒3
		200m	銅	21秒5
	エドワード・ゴードン	走り幅跳び	金	25フィート0.75インチ

	名前	競技種目	メダル	記録
ベルリン五輪	コーネリウス・ジョンソン	走り高跳び	金	6フィート8インチ
	ディビッド・アルブリットン	走り高跳び	銀	6フィート6.75インチ
	ジェシー・オーエンス	100m	金	10秒3
		200m	金	20秒7
		走り幅跳び	金	25フィート5.5インチ
		400mリレー	金	39秒8
	アーチー・ウィリアムス	400m	金	46秒5
	ジェームズ・ルバール	400m	銅	46秒8
	ジョン・ウッドラフ	800m	金	1分52秒9
	マシュー・ロビンソン	200m	銀	21秒1
	ラルフ・メトカーフ	400mリレー	金	39秒8
		100m	銀	10秒4
	フリッツ・ポラード・ジュニア	110mハードル	銅	14秒4

出典：Arthur R. Ashe, Jr. A *Hard Road to Glory: A History of the African-American Athlete 1919-1945* Volume 2 (New York: Amistad, 1988).

第二は、スポーツ競技が国際化し、プレゼンスの高まった黒人アスリートを、白人が無視できなくなったことである。一九三〇年代になると、国内の観客に向けられた娯楽やビジネスだったスポーツは、代表選手が国家の威信を賭けて競い合う国際的な行事へと変わっていく。オリンピック競技は、かつてはヨーロッパおよび北米諸国の中産階級を中心とする運動にすぎなかったが、南米やアジアの国々からの代表選手も含め、参加国が世界一の名誉を求めて鎬《しのぎ》を削る勝負の舞台と見なされるようになる。

他方、ボクシングの世界タイトルマッチのような国際試合は、特にヘビー級は、全体主義体制下で急速に軍備増強を果たしたドイツやイタリアと、自由と民主主義の盟主を自認するアメリカとの対決を暗示する試合が連続し、ここでも国家の存亡を占うかのような注目を浴びる。国際的な関心が集まるなかで、黒人アスリートを黙殺し続けてきた白人メディアも、報道の対象とせざるを得ない状況になったのである。

第三は、国際化にともなったナショナリズムの高揚である。アメリカのナショナリズムは孤立主義の主張と結びついてきたが、一九三〇年代以降、アメリカ人という国籍を共有したものが、外国と対峙・対決する姿勢を支えるために主張されるようになった。それまで白人と黒人に分離されていたアメリカ人は、国家としての枠組みを共有し、外国人との境界を強く自覚し始めた。

代表選手はアメリカ人として刻印され、ドイツ人マックス・シュメリング（一九〇五〜二〇〇五）とリングで闘うアメリカ人ジョー・ルイス、日本人田島直人（一九一二〜九〇）と跳躍力を競うアメリカ人ジェシー・オーエンスというように、黒人であっても、国籍を共有する同胞として意識されるようになっていく。黒人アスリートは白人の観客と国家という絆で結ばれることになったのである。

もちろん、人種の異なる人間を同胞と見なすことに対する心理的な抵抗は続いた。黒人を白人から差異化したいという衝動は、簡単には消滅するはずもなかった。そうした差異化の衝動から、身体能力ステレオタイプの表象と言説が生まれていくのである。

過去数百年にわたって差異化および差別化に慣れ親しんできた白人が、わずか一世代の間に、過去を忘れ、新しい状況に完全に適応するなどあり得ないことである。国際化の進行とナショナリズムの高揚は、異人種を同胞視するという民主的な心理作用をもたらしたが、同時に、新しい表象や言説を生み出さずにはおかなかった。

プレゼンス、国際化、ナショナリズム、これらが具体的に身体能力ステレオタイプの形成にどのように働いたのか。これらの変化に直面した白人はどのような選択肢を与えられ、いずれを選択したのだろうか。

第Ⅲ章　「黒人優越」の起源
――身体的ステレオタイプ成立と一九三〇年代

白人至上主義全盛の時代

近代オリンピックが幕開けを迎え、ヨーロッパ主要都市で大会が開催された一九世紀末から二〇世紀初頭にかけての時代、スポーツは現在よりもはるかに大きな役割を担っていた。その理由の一つは、国家の権威や勢力を比較する基準となる科学的データを与えるものと見なされたからである。

一八八八年に創刊され、一般誌とはいえ地理関係の情報源として定評を得ていた『ナショナル・ジオグラフィック』誌は、一九一九年に「競技の地理学――国民スポーツはその国の習慣と歴史の鏡」と題する記事を掲載した。その記者J・R・ヒルデブランドは「各国で行われる競技やスポーツを観察することで、その国民がいかに生き、働き、思考するかを知る確かな手がかりを得ることができる」と論じている（Dyreson, "American Ideas," p.176）。

世界各国から代表選手が集まり、才能と実力を競い合うスポーツの祭典オリンピックも、当然ながらその役割を担うことを期待されていた。ヒルデブランドの言葉を借りるなら、オリンピック大会は「科学的な文化比較」の格好の舞台であったのだ。

スポーツ競技のなかでも、オリンピックの主役であった陸上競技、なかでも競走種目は、正確なデータが与えられる場と見なされた。それは器具や道具類の具合やチームワークなどの要因の影響が少なく、選手個人の体力と技術が試され、距離や時間といった数値で成果が記録されるからである。短距離や長距離の競走種目は、国家間、人種間の優劣を決定する競争として、特に熱い注目を集めていく。

アメリカのオリンピック運動推進者も、こうした風潮のなかで、オリンピックを国家間競争の舞台と見なし、さらには、大会で好成績を残せば国威を発揚する好機になると考えていた。関係者は、「移民の国」という特殊な自国の歴史的背景を意識し、「多種多様な人びとからなる国家であるからこそ、多種多様な競技種目で最高の成績を収める人びとを輩出し得る」とする、アメリカに特有の多元主義優越論を展開した。

オリンピック初期五大会の成績も、国民の期待に十分応えるものだった。一九〇四年自国

表2 五輪，初期5大会の国別メダル獲得数

		アテネ 1896年	パリ 1900年	セントルイス 1904年	ロンドン 1908年	ストックホルム 1912年
1位	国名	ギリシャ	フランス	アメリカ	イギリス	スウェーデン
	合計	46	101	239	146	65
	金銀銅	10/17/19	26/41/34	78/82/79	56/51/39	24/24/17
2位	国名	アメリカ	アメリカ	ドイツ	アメリカ	アメリカ
	合計	20	47	13	47	63
	金銀銅	11/7/2	19/14/14	4/4/5	23/12/12	25/19/19
3位	国名	ドイツ	イギリス	キューバ	スウェーデン	イギリス
	合計	13	30	9	25	41
	金銀銅	6/5/2	15/6/9	4/2/3	8/6/11	10/15/16
4位	国名	フランス	混合チーム	カナダ	フランス	フィンランド
	合計	11	12	6	19	26
	金銀銅	5/4/2	6/3/3	4/1/1	5/5/9	9/8/9
5位	国名	イギリス	スイス	ハンガリー	ドイツ	フランス
	合計	7	9	4	13	14
	金銀銅	2/3/2	6/2/1	2/1/1	3/5/5	7/4/3

出典：Official website of the Olympic Movement［http://www.olympic.org/］

開催の第三回セントルイス大会では、アメリカ代表チームは、総メダル獲得数二三九個で、二位ドイツの一三個を大きく引き離して圧勝した。むろんこのときは、アメリカ開催でヨーロッパの優秀な選手が参加しなかったという地の利があった。しかしアメリカ代表チームはその他の大会でも傑出した成績を残した。

一八九六年の第一回大会であるアテネでは金メダル獲得数一一個で一位、一九〇〇年パリ大会では総メダル獲得数四七個で主催国フランスの一〇一個に次いで二位、〇四年のセントルイス大会を挟んで、〇八年ロンドン大会でも総メダル獲得数四七個で、主催国イ

ギリスの一四六個に次いで二位、一二年ストックホルム大会では金メダル獲得数二五個で一位である。列強諸国に対して堂々と胸を張れる成績を築いたといえるだろう。

他方、第一次世界大戦前の帝国主義の時代にあって、植民地として非西欧地域をその支配下に置いていた欧州諸国の人びとは、社会進化論の主張を取り入れ、自らが人類のなかでもっとも優秀な民族であり、国家であるとの強い自負と自信を抱いていた。

「未開人オリンピック」

一九世紀後半になると、ジョセフ・アルテュール・ド・ゴビノー伯爵（一八一六～八二）による「白人」「黄人」「黒人」の三分類と白人至上主義思想が支持され、二〇世紀に入ると、白人をさらに「地中海人種」「アルプス人種」「北方人種」に三分類し、そのなかで北方人種を頭脳の面で最優秀と見なすマディソン・グラント（一八六五～一九三七）らの学説が有力になっていく。初期オリンピック五大会の開催期は、白人優越思想が浸透するなかで、北方人種至上主義が台頭するための準備が進められた時代でもあった。初期オリンピック大会は白人、とりわけ北方人種が、身体的にも優越することを示す証拠をつくり出す舞台となったのである。

アメリカは、「人種のるつぼ」としての国家像を抱き、「多元性ゆえの優越」を信じる人びとが主流であった一方で、ヨーロッパからの白人至上主義を受容し、積極的に主張する知識人も少なくなかった。米国人類学会長ウィリアム・J・マクギー（一八五三〜一九一二）もその一人である。

マクギーは、一九〇四年にオリンピックと同時開催されたセントルイス万国博覧会の際に「人類学の日（Anthropology Days）」という企画を担当し、その一環として「未開人オリンピック（Savage Olympics）」と題する競技会を開催した。その目的は、ヨーロッパの「文明人」のほうが非ヨーロッパの「未開人」よりも運動能力に長けることを証明することにあった。マクギーは、アジア、アフリカ、南アメリカの民族やアメリカ先住民に近代スポーツ競技を行わせ、その結果を欧米人選手の記録と比較した。そして、「未開人」の記録が「文明人」に遠く及ばないことを確認し、こう語っている。

「未開人オリンピック」は、人類学者が昔から知っていたことを証明したにすぎない。すなわち、白人《ホワイトマン》は身体的にも知的にも、全世界の民族でもっとも優れている。優れた身体と知能を兼ね備えた白人は、人類にとって最良の見本を提供することだろう。

（Dyreson, "American Ideas," p.179）

「未開人」たちが、まったく近代スポーツの訓練を受けていなかったことを考えれば、「文明人」に匹敵するような記録を出すなど期待できるはずもなかった。オリンピック運動の創始者クーベルタンは、この競技を差別的だとして嫌悪を露わにしたが、マクギーの解説は、アメリカ国内で各方面から正当な評価として歓迎された。

アメリカ最大の非営利ボランティアスポーツ組織のアマチュア運動連合（以下AAU）の創設者の一人で、オリンピック運動推進者としてセントルイス五輪の開催に深く関わったジェームズ・E・サリバン（一八六二〜一九一四）も、マクギーの主張を歓迎した一人である。サリバンはアイルランド系に生まれ、スポーツジャーナリストとしてキャリアを築いた。彼は、会員として所属するパスタイム・アスレチック・クラブで陸上競技のチャンピオンに輝くほど、運動能力にも恵まれていた。一九〇三年には大ニューヨーク・アイルランド系アスレチック・アソシエーション会長に、〇八年にはニューヨーク市教育委員会委員に就任している。運動競技だけでなく、社会に広く影響力を持った人物だったといえよう。

彼は、「人類学の日」が「科学的な見地から、平均的に見れば、未開人や異国人は白人《ホワイトマン》にとてもかなわないことを結論づけた」(Dyreson, "American Ideas," p.179) との発言を残している。

北方人種至上主義の主張

医学者チャールズ・E・ウッドラフ（一八七八～一九五〇）は、一九〇六年のアテネ五輪中間大会と〇八年のロンドン五輪の記録を分析して、大会で優秀な成績を収めたアメリカ人選手に北欧系の一世、二世が多いことに注目した（五輪中間大会とは、近代五輪大会創設当初、四年ごとの大会の中間の年にギリシャで開催することになっていた大会である。結局、ギリシャの政情不安定等が理由で開催は一九〇六年のみに終わった）。

ウッドラフはその理由を、一九一二年に発表した学説でこう説明した。

北欧人が移住後、アメリカに特有の強い太陽光線の刺激を受けたからである。しかし太陽光線の効き目は、そののちの世代には持続しない。移民を経験した世代か、長くてもその次の世代までしか効果がない。新大陸の太陽光線は三世代目以降になると、むしろ北欧系の人びとを衰えさせてしまう。

（Dyreson, "American Ideas," p.180）

ウッドラフ説は、当時のメディアで注目され話題となった。たとえば『ニューヨーク・タイムズ』紙は「誇張が含まれる」と留保しつつ、「きわめて興味深く、大筋で科学的な人種研究である」と評価した。ウッドラフは調査の結論に基づき、アメリカが優秀な北欧人、つまりグラントのいう北方人種の活力を享受し続けるためには、北欧からの移民を継続的に受け入れなければならないと主張した。この提案は、やがて一九二〇年代に大規模に展開することになる移民制限運動のなかで、南欧、東欧、そして非欧州諸国からの移民を排除しようとするグループに、「科学的」な根拠を与えることになる。

時代は下り第一次世界大戦後、地理学者で経済学者のエルズワース・ハンティントン(一八七六〜一九四七)は、詳細なデータを駆使して、北欧の人びとをもっとも優れた集団と見なす学説を発表した。ハンティントンは、環境決定論者としても知られ、『気候と文明』『人種の特徴』などの著書を記し、一九三四年から五年間にわたってアメリカ優生学会の理事長を務めた人物である。彼の学説は優生学運動を通してアメリカ社会に大きな影響を与えていく。

ハンティントンの議論は国外からも注目された。アルゼンチンの気象学者ギレルモ・ホックスマークは、ハンティントンの理論を、一九二〇年アントワープ五輪と二四年パリ五輪の代表選手の記録を用いて検証し、その結果をアメリカの学術専門誌『エコロジー』上に発表した。ホックスマークは、ノルウェー、フィンランド、スウェーデン、デンマーク、エストニアを上位五者に挙げ、ハンティントンの環境決定論を裏付けている。

マクギーからウッドラフを経てハンティントンへと連なる系譜は、アメリカでも北方人種至上主義のもとで人間の運動能力を評価し、格付けする枠組みが、一九三〇年代に入るまで学界に確たる地位を築いていたことを示している。

結果を残した北方人種

一九二〇年代のオリンピックは、こうした風潮を裏付ける実績が積み重ねられていた。北欧系の選手が各競技種目でメダルを量産したのである。その代表例は、一九二四年のパリ五輪で陸上競技の中距離および長距離走種目で五つの金メダルを獲得したフィンランド代表のパーヴォ・ヌルミ（一八九七～一九七三）であろう。ヌルミは一九二〇年代を通じて世界最強の陸上選手と言われ、彼の率いるフィンランド競走チームは「空飛ぶフィンランド人（Flying Finns）」の異名をとった。

水泳競技でアメリカチームを引っ張ったジョニー・ワイズミュラー（一九〇四～八四）も時の人だった。オーストリア・ハンガリー帝国で北方人種の家系に生まれ、幼くしてアメリカに移民した彼は、一九二四年パリ五輪の水泳種目で三つの金メダル、水球で銅メダルを獲得した。引退後は俳優となって、ジャングルの王者ターザンを主人公とするいくつもの映画に主演したことで知られる。彼の均整のとれた肉体美は、全世界の映画ファンを虜にした。ヌルミやワイズミュラーをはじめとする北方系アスリートたちの活躍は、白人至上主義を支えるものとなった。

一九二〇年代はアメリカ国内でも白人スポーツ選手の黄金時代であった。黒人選手は依然として周縁的存在でしかなかった。しかし一九三〇年代に入ると様相は一変する。新しい時代の到来をもっとも早く感知した一人エドウィン・B・ヘンダーソンは、一九三〇年に黒人紙『アフロアメリカン』で次のように述べ、期待のほどを伝えている。

黒人《ニグロ》は天性の運動選手のようだ。彼らは白人と同じように足が速く、技能が高く、強い肉体を持っている。白人選手と競争しても堂々とふるまうことができる。極度の劣等感に苦しんでいるとき以外は、どんな運動競技でも勝利をめざして精一杯闘うことができる。

(Henderson, *Afro-American*, May 31, 1930)

黒人選手が実際に彼の期待に応えるまでさらに数年が必要であったが、この言葉は時代を先取りするものだった。一九一〇年代から始まる「大移動」は、北部の主要都市の黒人人口を急増させた。黒人の青少年たちは、広く普及し改善されつつあった体育教育を受けて、力をつけ、その才能を発揮し始めたのである。

転換期——トーランとメトカーフ

その先陣を切ったのは、一九三二年ロサンゼルス五輪の短距離一〇〇メートルと二〇〇メートルで金メダルを獲得したエディ・トーラン（一九〇八〜六七）と、同じく一〇〇メートルで銀、二〇〇メートルで銅メダルに輝いたラルフ・H・メトカーフ（一九一〇〜七八）の二人である。

E・トーラン（右）とR・H・メトカーフ

トーランはコロラド州デンバーに生まれ、やがてユタ州のソルトレイクシティへ、さらには一五歳の年にミシガン州デトロイトへ転居した。トーランはその理由を「父親が、デトロイトには黒人にとって成功の機会が多いと考えたから」と回想している。彼は、一九二七年にミシガン大学に入学してフットボール選手をめざしたが、コーチの間で意見が分かれ、結局陸上選手としての道を歩むようになる。ミシガン大学のフットボールチームでは一八九〇年代に活躍したジョージ・ジェウェット以来、黒人選手が入部したことがなく、トーランがフットボールを断念したのは、このことも一因であったといわれる。

メトカーフは、ジョージア州アトランタに生まれた。しかし人種分離主義によって機会を与えられなかったため、ウィスコンシン州ミルウォーキーのマーケット大学に進学した。彼はその地で陸上選手となり、当時一〇〇メートルの世界記録一〇秒三、二〇〇メートルの世界記録二〇秒六を数回マークした。ロサンゼルス五輪では僅差でトーランに敗れ、一九三六年のベルリン五輪の一〇〇メートルでもジェシー・オーエンスに敗れ二位となっている。だが、四〇〇メートルリレーでは優勝メンバーに名を連ね、念願の金メダルを手にした。アスリート引退後は地方選挙に出馬し、シカゴ市議を務めた後、一九七一年にイリノイ州下院議員に当選し、七八年に六八歳で没するまで、その座を守った。

ちなみにロサンゼルス五輪では、黒人の走り幅跳び選手エドワード・ゴードンも優勝を果たしている。

とはいえ、ロサンゼルス五輪に出場したアメリカの黒人選手はわずか四名だった。そして、そのうちの三名がメダル獲得の栄誉を手中にしたのである。しかしこの時点の黒人アスリートは、依然として社会的にほとんど認知されていなかった。アメリカの主要メディアは、黒人オリンピアンの勝利に、大きな関心を払わなかった。ロサンゼルス五輪の栄誉が人種間の不平等や、白人至上主義、人種分離主義など社会の根幹を規定する構造や秩序に対する疑念を引き起こすことは、ほとんどなかったのである。

J・オーエンスの登場

だが、四年後一九三六年のベルリン五輪になると状況は大きく変化する。黒人アスリートがアメリカンスポーツ界でもっとも目立つ位置を占めるようになっていたのである。

ベルリン五輪に出場したアメリカの黒人選手の数は一九名、黒人選手が獲得したメダル数は一三個へと増加する。こうした状況を受けて、ジャーナリストはその理由について憶測をめぐらせ、科学者はその原因を探ろうとするようになる。その詳細はのちに記すが、ここでは特に注目を浴びた二人のアスリートを見てみたい。ジェシー・オーエンスとジョー・ルイスである。

当時オーエンスは、アメリカ陸上界で押しも押されもせぬエースだった。一九三六年ベルリン五輪で四種目（一〇〇メートル、二〇〇メートル、走り幅跳び、四〇〇メートルリレー）で金メダルを獲得するが、この記録は八四年のロサンゼルス五輪でカール・ルイスが達成した記録（同四種目で優勝）と並んでスポーツ史上に燦然《さんぜん》と輝いている。

J・オーエンス

オーエンスは一九一三年九月アラバマ州に生まれ、幼少期に、同時代の多くの黒人アスリート同様、「大移動」の波によって南部を離れ急速に発展する北部都市の一つ、オハイオ州クリーブランドに移住した。そこの中学校の陸上部で生涯の師と仰ぐことになるコーチ、チャールズ・ライリーに出会う。この時期のトレーニングがのちのアスリートとしての成長の基礎をつくることになったという。高校時代には一〇〇ヤード（約九一メートル）走で九秒四、走り幅跳びで七・五六メートルという世界タイ記録を達成し、一躍有名になった。その後オハイオ州立大学へ進学してからも陸上選手として快記録を連発し、ベルリン五輪への道を自ら切り拓いた。

ベルリン五輪でのオーエンスのメダル獲得が

国内だけでなく世界的な注目の的となったのは、その記録や数だけによるものではない。それには、当時の国際情勢があった。

一九三〇年代、ドイツ国内でナチズムが勃興するなか、ユダヤ人への弾圧や迫害は、国際的な問題となっていた。アメリカ人関係者のなかには、ドイツ政府がユダヤ人選手の出場を禁止する動きに気付き、オリンピック出場をボイコットしようとする運動を起こした者もいる。ユダヤ系関係者の多いアメリカのメディア界も、この動きを強く後押しした。

ナチスドイツによる人種差別や人権侵害を聞くにつけ、アメリカ国民の多くは、自国の黒人に対する人種主義を棚上げし、自由と民主主義の旗を掲げてドイツへの対抗心を燃やしたのである。アメリカ人は、北方人種の優越を主張するドイツに、かねてからの多元主義優越論で挑んだといえる。

アメリカ国民はオーエンスの勝利を、アメリカ的制度と信条の、ドイツ的な人種主義、教条主義、そして全体主義に対する勝利と見なし、その快挙に拍手喝采を送った。オーエンスの大記録が、その後のアメリカ人の意識と態度に与えた影響は計り知れないものがあった。

ヘビー級王者J・ルイス

もう一人は、ボクシング世界ヘビー級王者ジョー・ルイスである。彼は一九三〇年代のアメリカンスポーツ界で、オーエンスと双璧をなす人気を誇った。一九三七年にジェームズ・ブラドックを八ラウンドKOで破り、ジャック・ジョンソン以来黒人として初めて世界最強の王座に登り詰めた。以後二五回もタイトルを防衛し、ボクシング史上の最長記録を打ち立てることになる。これもスポーツ史上の金字塔である。

ルイスは一九一四年にアラバマ州の貧農家庭に生まれ、精神病施設に送られた父と幼くして別離した。母親はその後再婚する。一九二六年、地元の白人至上主義の狂信グループKKKの脅迫を受けて、家族は北部へ移住を決意し、ミシガン州デトロイトに新居を定めた。ルイスは、バイオリンを習わせようとする母を裏切り、バイオリンケースにグローブを隠して地元のレクリエーションセンターに通い、ボクシングの腕を磨いたという。アマチュアとしてのキャリアは、一九三四年にセントルイスで開催された全国AAU選手権での優勝でピークに達した。アマチュア時代の戦績は五〇勝四敗四三KOである。

プロ転向後、ルイスは約三年をかけてヘビー級王座へとたどり着いたが、この間、いくつもの歴史に残る対戦を経験した。なかでも、一九三五年のイタリア人元世界ヘビー級王者プリモ・カルネラ戦、ベルリン五輪が開催された三六年のドイツ人元世界ヘビー級王者マックス・シュメリング戦、そして三八年のシュメリングとの再戦は、彼の知名度を国際レベルに引き上げた。アメリカ人観衆は、一九七センチ一二〇キロの巨漢カルネラに挑むルイスの姿に、ムッソリーニの率いるイタリアの侵略に抵抗するエチオピア軍を重ね、ファシズムと闘う民主主義の図式を当てはめようとした。そしてルイスの勝利に歓喜したのである。

マックス・シュメリングとの二度の戦いも、オーエンス対ドイツ代表オリンピック選手の場合と同様、アメリカとドイツとの戦いであるかのように受け止められた。ルイスは初戦で一二ラウンドKO負けしたものの、再戦ではシュメリングを一ラウンドKOし、見事雪辱を果たす。彼はアメリカ国民の大歓声を浴び、英雄となったのである。

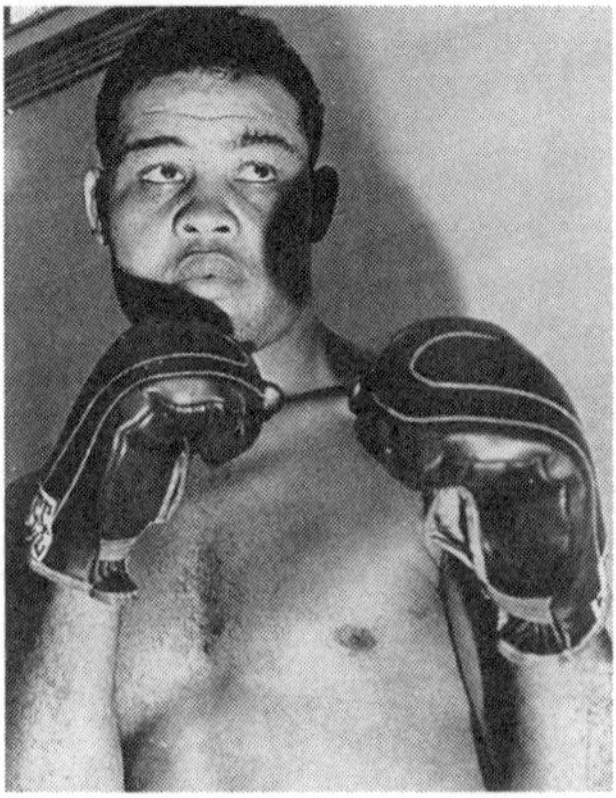
J・ルイス

オーエンスやルイスという二人の黒人選手の演技《パフォーマンス》は、一九三〇年代、国家的な関心事となっていた。それは、先にも触れたように、ドイツとイタリアにおけるファシズムの伸張という一九三〇年代半ばの国際情勢と深く関わっていた。その意味で二人は時代の寵児《ちょうじ》であったといえる。

第一次世界大戦後のアメリカはヨーロッパの辺境ではなく、国際政治の中核をなす大国へと変わっていた。この大国と大西洋の向こうで勢力を蓄えつつあったファシズム国家との緊張関係は、オーエンスとルイスが関わった国際試合への興味を高める重要な伏線だった。国際的な注目を浴び、国家的な威信を背負わされて技を競う黒人アスリートを人種分離主義のベールで覆うことは、もはや不可能だったのである。

しかしオーエンスとルイスは、いかにアスリートとして優れていようとも、あくまで氷山の一角だった。二人は、台頭してくる集団としての黒人アスリートの一部分にすぎなかったのである。白人社会はこの集団をどう意識し、評価し、位置付けようとしたのか、さらには、黒人社会はどのように反応したのだろうか。

「勝者／強者の集団」としての黒人の出現

一九三〇年代の黒人アスリートの活動には目を見張るものがあった。ルイスが国際的な名声を博したプロボクシング界の場合、ヘビー級以外の階級では、一九二〇年代の世界王者はミドル級のタイガー・フラワーズただ一人であったが（二六年）、三〇年代になるとルイスに加えて、ミドル級のゴリラ・ジョーンズ（三二～三三年）とライトヘビー級のジョン・H・ルイス（三五～三八年）、ウェルター級のジャック・トンプソン（三〇～三一年）を含め、計五名に上った。

一般の大学のバスケットボールチームでプレイする黒人選手は、一九二〇年代は六名であったが、三〇年代には一二名へと増加した。そのなかにはのちにメジャーリーガーとしてデビューするUCLAのジャッキー・ロビンソンも含まれている。

陸上競技の全米大学体育協会（以下NCAA）選手権で優勝した黒人選手は、一九二〇年代はわずか三名であったが、三〇年代には一五名に膨れ上がった。

一般の大学のフットボールチームに出場した黒人選手も、一九二〇年代の三四名から三〇年代は三九名へと増加した。競技のなかには、たとえば大学ベースボールやプロフットボールのように、人種分離が強化されて黒人の参加機会が減少し、時代に逆行するかの動きを見せる場合もあった。しかし全体としては、一九三〇年代は黒人アスリートがその存在感を着実に高めた一〇年間であった。

話は少し脇道にそれるが、非白人選手の増加という現象はアメリカに限られたわけではない。たとえば一九二八年のアムステルダム五輪では、アルジェリア系フランス人のA・B・エル＝ワフィが、非白人として初めてマラソン種目で優勝を飾った。同種目で山田兼松と津田晴一朗は、四位、六位の入賞を果たしている。日本選手団についてさらに見ると、アムステルダム五輪では三段跳びの織田幹雄と二〇〇メートル平泳ぎの鶴田義行による金二個に加え、陸上八〇〇メートル走の人見絹枝の銀一個、男子競泳八〇〇メートルリレーで銀一個、一九三二年のロサンゼルス五輪では金七個、銀七個、銅四個、一九三六年のベルリン五輪では金六個、銀四個、銅八個という見事な成績を収め、一九三〇年代に戦前スポーツの黄金時代を迎えている。日本はこうして、第二次世界大戦以前にスポーツ大国の仲間入りを果たすのである。

このように、一九三〇年代はもともと「白人の大会」であったオリンピックに、世界規模で非白人が参加を始めた時代でもあった。

黒人優越説の萌芽

ベルリン五輪で自国の代表選手が黒人選手に敗北するのを目の当たりにして、ドイツの『デア・アングリフ』紙記者は、一九三六年八月に「もし黒人補助部隊（Black auxiliaries）がいなかったら、アメリカのナショナルチームの成績は、本大会最大の失望であったことだろう」とのコメントを残している（*Der Angriff*, August 6, 1936）。この「補助部隊」という言葉には、アメリカチームとその黒人選手への揶揄《やゆ》が込められていることはいうまでもない。この言葉はやがて一人歩きを始め、ベルリン大会の黒人選手団を指す呼称として定着する。

しかしここでは、この報道が、アメリカの黒人選手を集団として認知していることに注目したい。記者の意図は「補助部隊」という言葉を使って白人選手団のふがいなさを指摘しながら、黒人選手を差別扱いすることにあった。しかし記者の意図とは裏腹に、黒人選手はアメリカナショナルチームの勝利に貢献した立役者として承認されたのである。これは、海外のメディアがアメリカの黒人を、たとえ間接的であれ、肯定的に認知したもっとも早い例である。ベルリン五輪の年までにライバル国の人びとは、アメリカ人同様、黒人の運動能力を明確に意識しないではいられなくなっていたのである。

　では、一九三〇年代を通じて、強者および勝者としての黒人アスリートの認知はどのように進んだのであろうか。一九三〇年にヘンダーソンが、黒人は「白人と同じように足が速く、技能が高く、強い肉体を持っている」と期待していたことについてはすでに述べた。「黒人は白人に優る」とする黒人身体能力ステレオタイプの立場から振り返るなら、「白人と同じように」という前置きは随分控えめな物言いに映る。しかしそれでも、「黒人は劣る」という分離主義の立場から見ると、大きな前進であったことは間違いない。これが一九三二年のロサンゼルス五輪直前になると、報道の調子はさらに変化する。

> 短距離走者は数多いといえども、九〇ヤード〔約八二メートル〕をストップウォッチ計測による九秒で走る選手が再び現れない限り、多くの評者はハワード・ドリューを「世界最速の男」と見なし続けるだろう。しかし過去二〇年間に、黒人《ニグロ》は常に短距離走の有力候補であり続けてきた。この王冠を授かる黒人《ニグロ》選手が新たに現れる日もそう遠くないにちがいない。
>
> (Anderson, *New York Amsterdam News*, June 15, 1932)

ここで紹介されているドリューは、「不可視」の時代の例外的黒人アスリートとして紹介した短距離走者である。この記事はドリューを讃えつつ、こののちの記述で、ロサンゼルス大会がトーランとメトカーフの一騎打ちとなり、実績で上回るトーランが優勝するであろうと予告している。そして、それは的中することになる。

しかしここでは、この記者が過去二〇年間を振り返り、短距離走者としての才能が黒人に特有のものであるかのように語る点に留意したい。これは、白人との対等を示唆したヘンダーソンとは異なり、むしろ黒人の優越を説くニュアンスを帯びている。

「優越」の論理――原始的特徴ゆえの有利

一九三四年に『アトランタ・デイリーワールド』紙は、ロサンゼルス五輪でメダルを独占した黒人選手たちに対する現場の白人関係者のコメントを掲載している。その見出しは「『黒人選手の走力、跳躍力は天賦の才』白人コーチ語る」である（*Atlanta Daily World*, May 1, 1934）。

この記事は、ロサンゼルス五輪を経験した白人コーチたちが、口を揃えて黒人選手の快挙を生まれつきの能力によるものであると主張する様子を伝えている。これは、黒人は精神と身体両面で白人に劣るとする分離主義体制下の立場を離れ、白人が黒人ゆえの身体的優越を口にしたことを伝えるもっとも早い例である。コーチの一人ディーン・B・クロムウェル（一八七九～一九六二）は、その後出版する著書のなかで、進化上の原始的な特徴のおかげで、単純に体力がものをいう短距離走や跳躍種目では黒人が強く、知能が試される中距離種目ではイギリス人が強いとの自説を展開している。

一九三〇年代の言論界では、黒人アスリートの台頭の原因をめぐって、さまざまな説が飛び交うようになっていた。クロムウェルのように、黒人の足の速さを先天的、遺伝的な要因によるとする説もあれば、白人が自動車を利用し始めたために足を使わなくなり、走力が衰えたからとする環境説もあった。日本人が三段跳びに強いのは、正座をして幼少期から脚力を鍛えているからとする説が登場するのもこの頃である。しかし陸上競技界指導者の重鎮であったクロムウェルの説には、他説をはるかに凌ぐ影響力があった。

クロムウェル説は、黒人を「原始的」と見なす点で、のちに見るジョー・ルイスのステレオタイプ描写と共通する面もある。しかし、ルイスが連戦連勝するにつれて、メディアに描かれる彼の容貌が次第にステレオタイプから離れ、より正確かつ個性的になり、「人間化」していったと指摘する論者もいる。

アフリカ系アメリカ人研究を専門とするインディアナ大学名誉教授ウィリアム・H・ウィ

ギンズ・ジュニアは、白人に反感を買ったボクシングヘビー級チャンプのジャック・ジョンソンとルイスを比較し、「野蛮」「厚い唇と飛び出しそうな目」「極端に黒い肌」「訛り」など、奴隷制度時代から長く黒人のステレオタイプとされてきたイメージが、両者に関する報道に共通していると主張する。

しかし一九三八年にルイスがシュメリングとの再戦で勝利した前後の時期から、メディアで描かれるルイスの容貌は彼の個人的な特徴を捉え、より写実的になったという。当時のマスメディアは、英雄ルイスに敬意を払い、ステレオタイプ的な報道を控え、より正確な描写に努めるようになったのだろうか。挿絵画家たちは、真のチャンピオンとなったルイスを人間としてありのままに観察するようになったのではと、ウィギンズは推測する。（Wiggins, "Boxing's" p.253）

E・B・ヘンダーソンの主張

一九三〇年代、黒人アスリートは集団として、優越するものとして表象され、言説化されるようになったが、それでもなお、その優越をどう理解し、評価するかについての方向性は定まっていなかった。

当時の代表的な立場をとった者として、黒人教育者エドウィン・B・ヘンダーソン、白人スポーツジャーナリストのグラントランド・ライス（一八八〇〜一九五四）、黒人人類学者ウィリアム・M・コッブ（一九〇四〜九〇）の三人を取り上げてみたい。
まず、これまでたびたび引用してきたヘンダーソンが推進した運動について改めて紹介しよう。

Ｅ・Ｂ・ヘンダーソン

彼が「黒人バスケットボールの父」として知られることは、すでに述べた。黒人コミュニティにおけるバスケットボールの普及への彼の貢献は、高く評価されている。彼の活動はそれだけにとどまらず、黒人青少年の体力増進と健康管理の制度化、体育教育の奨励など広い範囲に及び、健筆家で多くの著書でも知られた。そして何より、近年歴史研究によって注目を集めている「身体運動による同化主義（Muscular Assimilationism）」という運動の主導者の一人であった。これは一九世紀末から始まる社会改革熱が高まった「革新主義時代」に開花した運動の一つであり、運動競技に優れた黒人を育て、その成績から地位の改善をめざすことを目的としていた。

そもそもアメリカンスポーツは、きわめて民主的、平等的な特徴を持っていた。身体運動による同化主義はスポーツのこのような性質を利用して、人種主義に対抗し、教育活動を通じて自由で平等な社会を建設しようとしたものだった。ヘンダーソンは、スポーツを社会に浸透させることで、社会的、政治的な目的を達成できると信じていた。

ヘンダーソンが社会改革を志して動き始めた第一次世界大戦直後の社会は、人種分離主義の浸透によって、敵意と憎悪にあふれていた。しかし黒人アスリートが大学スポーツの華フットボールで見事な演技《パフォーマンス》を見せ、他のスポーツで同様に活躍すれば、偏見と軽蔑にとらわれた人びとも、黒人の持つ勇気、体力、精神力に心の眼を開くことになり、それが社会的正義の実現につながるに違いない、ヘンダーソンはそう考えたのである。

このような信念はヘンダーソンだけのものではない。たとえば一八八七年から一九五三年まで六七年間も発行を続けた最有力黒人紙の一つ『ニューヨーク・エイジ』は、一九一六年、フリッツ・ポラードが大学フットボールで華麗なプレイを披露した年、彼を称えて「ポラード選手は人種問題を解決するために大きな貢献をしている」と報じた（*New York Age*, November 23, 1916）。スポーツによって黒人の地位を向上させ、白人社会への同化を果たすべきだとする意見は、当時の黒人指導者層に広く支持されていたと見るべきだろう。

ヘンダーソンは、不平等な社会の秩序と構造の下でも、スポーツには環境的な制約を超えて人びとを結びつける力があると考えていた。そして、たとえ劣等と見なされた黒人であっても、スポーツで実力を発揮し、勝者となることによって、当時のアメリカ人が価値を置いた「男らしさ」を証明し、一人前として認められ、白人との平等の地位を獲得できると主張したのである。

身体運動による同化主義

一九三〇年にヘンダーソンが記した次の一言には、運動競技が人種統合を促進するという彼の信念が凝縮されている。

> 運動競技に打ち込む黒人選手を目にする大観衆の一人ひとりが感じ、記憶することになる感動と興奮を想像してほしい。これほど黒人《ニグロ》への寛容さを高め、差別を和らげるための力となるものが他にあるだろうか。大海原であるかのような白人選手の群れ、そのなかにきらめく黒い閃光。その輝きほど魂を揺さぶるものはないだろう。
>
> (Henderson, *Afro-American*, May 31, 1930)

一九二〇年代、ニューヨークのハーレムでは「新黒人《ニューニグロ》」運動が花開いたことが知られている。この運動は「黒人とは何か」「黒人らしさとは何か」を追究した文化的・進歩的な運動であったとの評価を受けている。しかしその分、第二次世界大戦後の急進的な分離主義思想につながる系譜に位置付けられる。「身体運動による同化主義」は、身体的な意味での「新黒人《ニューニグロ》」運動であったが、文化的な運動よりは、白人に歩み寄り、さらには人種的な統合をめざした。その意味で、戦後の公民権運動の基礎になったと評価することができる。

ヘンダーソンら運動家たちは、スポーツの舞台で平等に闘うことが許されるならば、闘いの場で実現される対等な関係と能力主義が、スポーツ外の世界へも波及すると信じていた。事実、スポーツ運動競技熱は次第に拡散して、社会のさまざまな部門で豊かな実りをもたらしたと見ることもできる。

たとえば、一八九二年に開催されたノースカロライナ州の黒人大学であるビッドル大学とリビングストン大学との初のフットボール対抗戦に出場し、一九三九年に生存していた八名のうち、三名は牧師、一名は医師、一名は薬剤師、一名は大学教授、一名は学長であったという。ヘンダーソンはこのデータに基づいて、スポーツで鎬を削った若者は晩年に社会で大成できると論じた。

ヘンダーソンは、ダンバーハイスクールの卒業生三人にも言及する。この学校は、一八七〇年にワシントンD.C.に設立された黒人にとって最初の中等教育機関である。三人は、スポーツ奨学金を得て一九二〇年代にアマースト大学へ進学し、それぞれが専門職の道で成功を遂げた。一人は医学者となり、第二次世界大戦中に血漿を保存する技術を完成させ多くの人命を救った。一人は法学者となり、ハワード大学法学部長、アメリカ領バージン諸島知事、連邦巡回裁判所判事を歴任し、公民権運動の闘士でもあった。そして残る一人、ウィリアム・M・コッブについてはのちに詳述する。

三人はいずれも、その輝かしいキャリアの出発点をスポーツとし、アスリートとしての経験を基盤に医学、法学、人類学というそれぞれの専門分野で名を残した。ヘンダーソンは、彼らの生涯に身体運動による同化主義がめざす人物像の模範を見出した。

ヘンダーソンの黒人身体能力観

では、ヘンダーソンは、黒人の運動能力をどのように見ていたのか。次に見るコッブの人類学的知見を引用して、「黒人《ニグロ》はスポーツをする上で有利な、特殊の解剖学的な構造に恵まれている（踵骨が長く、走行に有利なてこ作用がはたらくなど）」という説は、「科学的に誤りであることが証明された」と断言した。しかし、こうも記している。

「〔大西洋三角貿易の一辺をなすアフリカ大陸からアメリカ大陸への航路である〕中間航路」の過酷な試練を生き延びた黒人《ニグロ》奴隷は、わずか五人に一人だったといわれる。新大陸の厳しい自然環境に生理学的に適応できなかった者は、おそろしい奴隷制度の下で次々と命を落としていった。ダーウィンが唱える適者生存の原理は、奴隷たちの間でも、これまで人類が積み重ねてきたいかなる自然淘汰の経験よりも徹底して働いたことだろう。その結果、このような可能性は考えられないだろうか。黒人《ニグロ》アスリートの腺や筋肉の組織になにか決定的に重要な要素が、遺伝によって受け継がれてきたのではないかと。

(Wiggins, *Glory Bound*, p.230)

ヘンダーソンは、黒人の身体は解剖学的に有利な構造に恵まれているとする生得説には反論したものの、奴隷貿易の中間航路や奴隷制度の試練が黒人の身体を強化したとする遺伝説を支持した。解剖学的な形質の生得説とこうした遺伝説は、黒人アスリートの運動能力に先天的な要因があるとする点で同根である。

スポーツジャーナリストG・ライス

一九三〇年代以降、ヘンダーソンらによる運動の勝利を確信し、黒人が同化することによるアメリカ社会の人種的な統合に期待を寄せるものは着実に増えて行った。しかし、皮肉なことに、黒人の身体能力を白人のそれとは本質的に違うものと見なし、白人の敗北を弁護、釈明しようとするジャーナリズムも、一九三〇年代から活発化する。このようなジャーナリズムは、ヘンダーソンが進めた運動とはまったく異なる方向への流れを生み出していたといえる。なぜなら、ヘンダーソンが黒人を白人に同化させることで両者の平等をめざしたのに対し、こうしたジャーナリズムは黒人と白人とはまったく別の人間であるかのごとく扱い、その異質性を強調したからである。

その流れをもっとも初期の段階でつくり出した一人は、当時スポーツジャーナリストとして全国的な名声を得ていたグラントランド・ライスである。

ライスはテネシー州に生まれた。祖父メジャー・W・H・ライスは南軍の兵士だった。南部の名門バンダービルト大学ではベースボール、フットボールの代表選手に選ばれ、英文学、ギリシャ語、ラテン語を修めた。卒業後、『アトランタ・ジャーナル』『クリーブランド・ニュース』『ナッシュビル・テネシーアン』など各地の主要紙記者として腕を磨いた。

一九二二年にはワールドシリーズ史上初のラジオ実況中継のアナウンサーを務め、この時期までに、スポーツジャーナリストとしての地位を不動のものとする。一九二五年には、カレッジフットボールの全米学生代表チーム選考の責任を、ウォルター・キャンプから引き継ぎ、スポーツ界での足場をさらに強固なものとした。一九三〇年には全国一〇〇紙に配信するコラム「スポートライト（The Sportlight）」をはじめ、多数の愛読者を獲得し、「アメリカン・スポーツライターの長老《ディーン》（Dean of American Sports Writers）」と呼ばれるまでになった。

南部に生まれ、南軍兵士の祖父を持つという生い立ちが、どれほど彼の人種観に影響を与えたかはわからない。しかし、ライスがジャーナリストとして独り立ちしてからも、強い人種的な偏見を持ち続けたことはよく知られている。同時代の記者の一人は、「グラントランド・ライスはジョー・ルイスのことを『黒ん坊《ニガー》』としてしか話していなかった。偏見で凝りかたまっていて、彼の記事はまったく信用できないことばかりだった」（ミード、『チャンピオン』、七三頁）と酷評している。

ライスの記事は、次々と新しい英雄を見出し、一九二〇年代のアメリカンスポーツ黄金時代を演出した。彼が見初めたアスリートは、ボクシングヘビー級王者ジャック・デンプシー、ホームラン王ベーブ・ルース、殿堂入りゴルファーのボビー・ジョーンズ、弾丸サーブで鳴らしたテニス選手ビル・チルデン、不世出のフットボール選手レッド・グランジ、一九三二年ロサンゼルス五輪金メダリストの女子陸上選手ベーブ・ディドリクソン＝ザハリアス、フットボール史上最高のコーチの一人と称えられたヌート・K・ロックニなど、いずれも各競技で頂点を極めたスーパースターである。しかしそのすべてが白人であった。

野性的であることの意味

一九三〇年代のスポーツライターは、ダジャレやニックネームを用いて、選手の特徴を捉えたり、記事に風味をつけたりすることを好んだ。ライスも例外ではない。

ライスはジョー・ルイスを「ブッシュマスター」と呼び、そのボクシングのスタイルを「目をくらますようなスピード」などと形容した。「褐色のコブラ」「ジャングルのスピード、本能的な野生のスピード」など、動物のイメージも好んで用いた。「ジャングルの黒豹が獲物をもとめて歩きまわるように、ジョー・ルイスはマンモス、カルネラに忍び寄った」（ミード、『チャンピオン』七四頁）とは、先に述べた一九三五年の対カルネラ戦を描写したものである。

他紙記者も、競い合ってルイスのニックネームを考案した。そのなかには次のようなものが含まれる。「褐色の爆撃機（Brown Bomber）」「暗闇の破壊者（Dark Destroyer）」「黄褐色のオオヤマネコ（Tawny Tiger-cat）」「サフラン色のスフィンクス（Saffron Sphinx）」「マイク・ジェイコブスのペット黒人少年（Mike Jacobs' Pet Pickaninny）」「忍び寄る影（Shuffling Shadow）」「褐色の恐怖（Tan-Skinned Terror）」など、いずれも白人の黒人に対する意識や感情を示唆するものとして興味深い。

ライスは、煽情的な筆致で、ジョー・ルイスについて何を一番伝えたかったのだろうか。その一つの答えは、ルイスのボクシング技術を解説した次の言葉に込められている。「ほとんどの黒人ボクサーのように、それは天性のものだ。偉大な黒人ボクサーは、多くの白人ボクサーと違って、指導によって育つものではない。彼は生まれながらのボクサーなのだ」(同前)

同じ頃『ニューヨーク・サン』紙もこう書いている。「アメリカの黒人は生まれながらにしてスポーツ選手だ。綿畑でつらい仕事をしてきた世代は、アフリカ原住民の強さと伝統を失ってはいなかった」(同前)

アフリカ、ブッシュマスター、コブラ、ジャングル、黒豹、あるいはオオヤマネコ、これらはすべて、自然や本性、そして天性の才能へと読者のイメージを誘っていく。天性の素質と才能に恵まれたものとしての黒人は、努力によって強くなる白人と差異化され、勝敗の原因を説明する力を持つことになる。強く、速く、かつ勝者としての黒人イメージがそこに生まれるのだ。ライスはその影響力を十二分に利用して、黒人身体能力ステレオタイプの醸成にもっとも強く関わり、また普及させた。彼がステレオタイプの生みの親の一人であることは間違いないだろう。

形質人類学者W・M・コッブ

ウィリアム・M・コッブは、ワシントンD.C.で、印刷業を営む家庭に生まれた。父はアラバマ出身、母はマサチューセッツ出身、二人はワシントンD.C.で出会った。

幼いコッブは、祖父の博物図鑑を開き、そこに人種によって区分されたヒトの絵を見たという。その絵は、当時の社会的通念であった優劣とは裏腹に、どのヒトにも同様の尊厳を与えていた。それが、コッブが人類学に興味を持ったきっかけであり、社会の不正に憤りを覚えた最初の契機であったという。

コッブはやがて、当時最高の黒人高校として定評の高かったワシントンD.C.のダンバーハイスクールを卒業し、スポーツ奨学金を得てアマースト大学へ進学した。卒業後、ハワード大学から医学博士号を、さらにウエスタン・リザーブ大学から解剖学・形質人類学で博士号を取得した。これは黒人として初めてのことである。

コッブは、黒人アスリートの台頭著しい一九三〇年代に、形質人類学者として独り立ちした。彼を待ち受けたのは、オーエンスやルイスの活躍に促されて、その能力の科学的根拠を探るための研究活動に精魂を傾け始めた科学者の一団である。その一人、ロバート・L・ブラウンは、神経、筋肉、腱などに注目し、過去の業績に依拠してこう結論を下した。黒人は白人よりも反射に優れ、短く締まったふくらはぎと長い踵骨と強いアキレス腱を持つため競走種目に有利であると。

同じ頃、アイオワ大学のエレノア・メセニーは、白人と比較すると黒人のほうが長い手脚、重い骨、狭い肺などを持つので、得手、不得手の運動種目が存在すると推論した。この頃から人種的な特徴と運動能力を関連づけようとする研究は次々と発表される。「体育教育での日本人男児・女児による演技《パフォーマンス》の研究」（一九三六）、「若年期の肉体労働の若年黒人《カラード》女性の身体的成長への影響に関する人体測定学的研究」（一九三八）、「黒人《ニグロ》と白人《ホワイト》の女子学生の人体測定学」（一九四〇）、「人種と体型、ロサンゼルス学童の比較研究」（一九四一）、「アングロ系、スパニッシュ系中学男児運動達成度の比較研究」（一九四二）など、その対象や視点はさまざまであった。

黒人身体能力の科学的分析の系譜を見るなら、その範囲は非常に広い。反射や体質と体型から、ホルモン分泌、性格や心理的特徴、臨床医学、筋肉繊維（黒人の筋肉は相対的に速筋の比率が高いなど）、成長速度（出生直後の成長は黒人が速いが、思春期になると遅くなるなど）、体脂肪率と骨密度（黒人のほうが体脂肪率が低く、骨密度が高いなど）、心肺機能、代謝機能、虹彩色、頭蓋サイズなどに及んでいる。

もちろんこうした研究は、一九三〇年代にすべて始まったわけではない。古くは一九世紀にその起源があるが、この一〇〇年間に急速な発展を遂げ、体系化されたのだ。その背景には陸上競技、ボクシング界での黒人アスリートの台頭と、ライスらジャーナリストによる生得説や遺伝説の一般化があった。

そんな風潮のなかで、新進気鋭の人類学者コッブは、形式化され、定着しつつあった黒人運動能力の表象・言説に科学的な立場から反撃しようとした。コッブは、社会が黒人を見る眼に強い懐疑の念と抵抗を覚え、その印象が浸透することを深く憂慮したのである。

人種的要因の否定と限界

コッブの作業は、一九三六年に発表された「人種と走者（Race and Runners）」と題する論文に、もっとも集約されたかたちで見ることができる。そのなかで彼は、体系的な検討を通して、人種的な要因が運動能力に影響を及ぼすとする見方に異議を唱えた。

コッブは、黒人アスリートの歴史を概観し、傑出したアスリートが最近に限らず、二〇世紀初頭以来存在してきたとし、次のように論じている。世界記録を打ち立てたハワード・ドリューをはじめとして、その後も陸上競技で、あるいはそれ以外の競技でスピードと技を競った先駆者はいた。しかし彼らは、人種主義によって黙殺されてきた。一九三〇年代になって社会は、急に黒人アスリートに注目するようになり、巷では原因を探る風潮が強まったが、それは黒人アスリートが急速に成長を遂げたからではない。長年にわたって人種主義が社会を拘束し、情報を隠蔽してきたからであると。

またコッブは、北方人種至上主義についても論じている。かつてのオリンピックは白人選

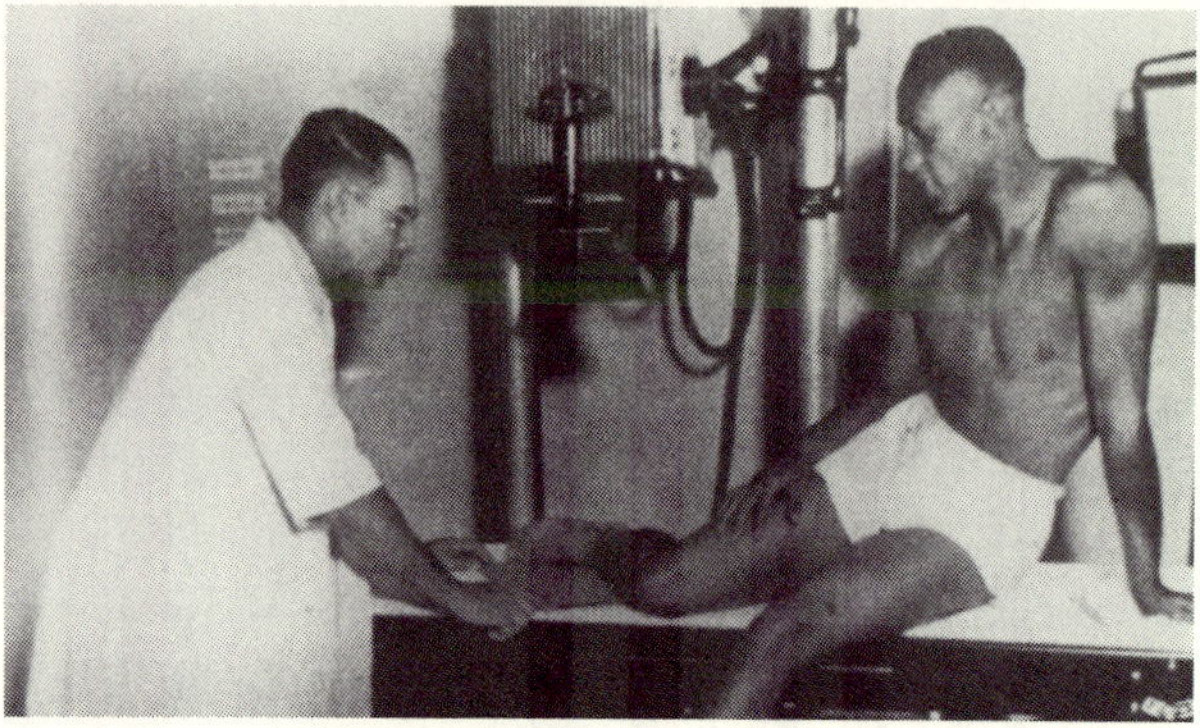

J・オーエンスを測定するW・M・コッブ

手の独壇場であった。あるときはアイルランド系のフィールド種目での優越が、またあるときはフィンランド系の長距離走種目での優越が取りざたされた。そしていずれの場合も人種的な要因が示唆された。しかし科学的証拠が欠落していたため、どの説も時代とともに葬り去られた。黒人の人種的優越論も同じ運命をたどるだろうと。

コッブは、黒人には固有の解剖学的特徴があるとする主張に対し、まず陸上コーチに特定の競技種目に適した身体の型なるものを定義できるかを問い、続いて形質人類学者に「アメリカ黒人《ニグロ》」なる体型を定義できるかを問うた。詳細な聞き取りと調査の結果、コッブは、「陸上コーチは短距離走種目の王者に特徴的な体格と性格のいずれも定義することはできず、形質人類学者は、信頼に値するほど正確には、アメリカ黒人《ニグロ》なる体格と性格を定義することはできない」と断言した

(Cobb, "Race and Runners," p.6)。

最後にコッブは、さらなる証拠を求めて、オーエンスがベルリン五輪で四つの金メダルを獲得してから数ヵ月後に、彼の身体計測を実施した。オーエンスの身体の部位を詳細に計測した結果、オーエンスのふくらはぎ、アキレス腱、足はどちらかというとロバート・L・ブラウンが定義するところの「黒人型《ネグロイド》」よりは「白人型《コーカソイド》」に近いとの結論を下す。コッブはさらにロサンゼルス五輪の三段跳び種目で優勝した日本人選手南部忠平に言及し、こう主張した。南部は、体型的にいうなら、ブラウンが主張する解剖学的に不利な「人種」の出身である。それゆえ彼の偉業は、運動競技での優劣が身体的な特徴によって一義的に決定されないことの証拠にほかならない。

この発表から六年後にも、コッブは同じ主張を繰り返している。

> 人種または運動能力と関連があると推測されてきた特徴からいうと、オーエンスは黒人《ネグロイド》型というよりは白《コーカソイド》人型である。彼の踵骨は長くなく、相対的に短い。彼のふくらはぎの筋肉は短くなく、とても長い。彼の足の甲は低くも弱くもなく、高く強い。
>
> (Cobb, "Physical Anthropology," p.169)

しかし科学者としての冷静さと実証性を兼ね備えたコッブも、黒人は固有の身体能力を宿しているのではないかという可能性を、思考から完全に遮断することはできなかった。彼は一九三九年にこう話している。「黒人《ニグロ》のように多数の人間が、生存競争の厳しい試練を乗り越えた集団はアメリカには存在しない。この点からいうと、黒人《ニグロ》はアメリカで最も選び抜かれた種であるといえよう」（Cobb, "The Negro," p.42）ここには、運動能力の人種的遺伝説が見え隠れする。

黒人の運動能力を先天的な要因で説明しようとするコッブの態度は、晩年になるとますます強くなった。それから二五年後、全国医学会での会長就任演説で、黒人がアメリカで「最も選び抜かれた種」であるという主張を繰り返し、こう問いかけた。「そうでないとしたら、プロスポーツ界の門戸が開かれてから短期間に、黒人《ニグロ》があらゆる種目で優勢になったという事実をどうして説明できようか」（"Negro Stock," p.102）。

共通する三人の主張——黒人生得説の肯定

ヘンダーソン、ライス、コッブは、黒人の運動能力を優越視する言説に異なる立場から関わった。

スポーツに内在する民主的な力を信頼し、運動競技で優れた能力を発揮する黒人がパイオニアとして民主的、平等な社会を建設することを信じ、身体運動による同化運動を推進したヘンダーソン。

黒人のスポーツ競技での活躍は、天性の身体能力によるものとし、黒人アスリートの努力と訓練を過小評価したライス。

そして、運動能力の人種的な差異の先天性を否定しようとし続けたコップ。

三人の間に人種の境界線を引き、先天説を支持するライスを白人側、これに反対するヘンダーソンとコップを黒人側に配置することはもちろん可能である。

しかし三人に共通性を認めることも可能である。ヘンダーソンは、努力と訓練による運動能力と技能の上達と、その延長上にある社会における人種統合を信じつつ、黒人運動能力の奴隷船起源説を唱え、ライスの報道記事に見られるようなある種の本質主義へのこだわりを捨てられなかった。ライスは、アフリカ起源説を煽るような非科学的な論法を好んだが、他方で黒人アスリートの台頭に注目し、報道を通じて、その快挙を賞賛し、社会の関心を集めることに労力を惜しまなかった。コップは科学的に人種主義的な言説を批判しつつ、「黒人は選ばれた種」とする思いを捨てることができなかった。

三人はいずれも、スポーツでの成功が黒人の持つ何か生得的な力によることを、積極的にせよ消極的にせよ認めていたのである。

黒人身体能力ステレオタイプの拡大

一九三〇年代を黒人身体能力ステレオタイプの起源とする立場は、力点のずれがありこそすれ、近年、アメリカのスポーツ史研究者によって支持されてきた。

ジョージ・メイソン大学教授デビッド・K・ウィギンズは、「すごいスピードと乏しいスタミナ」という伝統的な黒人ステレオタイプの表現をタイトルに入れた論文のなかで、一九三〇年代以前の先駆的事例を視野に捉えながら、三〇年代に非常に大きな変動があったことを認める（Wiggins, "Great Speed"）。

ノースイースタン・イリノイ大学教授パトリック・B・ミラーは、身体運動による同化主義の下で人種の平等をめざした改革者たちの努力が、人種間の不平等を暗示する黒人身体能力の生得説に取り込まれていくことを「残酷な皮肉」と呼び、それが一九三〇年代に起きたと論じる（Miller, "Review Essay," p.130）。

ペンシルバニア州立大学教授マーク・ダイレソンは、黒人運動能力に対する認識の根本的な転換が一九三〇年代に発生したと指摘し、「精神的、身体的に優れた才能が合わさることによって生み出されると考えられたスポーツの演技《パフォーマンス》は、三〇年代に新しいパラダイムのもとでは、単純な生理学的現象になってしまった」と結論する（Dyreson, "American Ideas," p.202)。

これまで述べてきたように、黒人コミュニティと、一部の理解ある白人改革者のなかに鬱積していた、人種分離主義体制に対する不満と抵抗のエネルギーが、その捌《は》け口をスポーツ界に求め、見出し、なだれ込み、実を結ばせたのがこの時代であった。そしてこれが実は、第二次世界大戦後に、公民権運動の高揚へとつながっていく。アメリカンスポーツで培われた民主的なエネルギーは、差別廃止、不平等撤廃をめざす改革のエネルギーと連動し、共鳴しながら、政治的、社会的な変革へと発展していったのである。

そのなかにあって、黒人身体能力ステレオタイプは、急激な変化の副産物だったと見ることができる。

民主化への流れのなかで、白人と黒人が対等な条件の下に競技場で勝負し、雌雄を決する機会が設けられた。白人は勝つこともあれば、負けることもあった。敗北を喫した白人たちは、以前から彼らの心理に潜在していた差別的な意識や志向によって、黒人の勝因を先天的な資質や才能にあるとした。それは、敗北の屈辱や決まり悪さを紛らわす格好の口実となった。「やつらは生まれつきなんだ」「やつらは努力しなくても勝てるんだ」

傷つけられた白人の自尊心を癒す口実は、黒人の自尊心を高めるものでもあった。それがさらなる運動競技熱を煽り、増幅させ、黒人アスリートは増加していく。

結局、ヘンダーソンやコッブのような時代を先取りした改革者でさえ、その魔力にあらがうことができなかった。黒人と白人を差異化する黒人身体能力ステレオタイプの人種主義は、白人と黒人いずれの立場からも歯止めをかけられることなく広がっていくのである。

そしてその負の遺産は今日まで続いている。一九三〇年代以降に黒人選手が急増し、そのなかで、グラントランド・ライスの巧みな比喩が描き出した黒人像や、ロバート・L・ブラウンやエレノア・メセニーの研究に裏付けられた身体能力言説は、繰り返し確認され、補強されてきたのである。それは、アメリカンスポーツがその歴史の原点で提起した理念や、生み出そうとした実践とは逆の方向を向いている。

時代が下るなかライス、ブラウン、メセニーが連携して編み出した言説が主流となり、ヘンダーソンの抱いたビジョンは消え、コッブによる科学的な反論は忘れ去られていった。

第Ⅳ章　アメリカンスポーツ界の人種統合
——すべてはベースボールから始まった

J・ロビンソンのデビューと衝撃

一九四六年四月一八日、ジャッキー・ルーズベルト・ロビンソン（一九一九〜七二）は、ブルックリン・ドジャース傘下のトリプルA球団モントリオール・ロイヤルズの一員としてジャージーシティ・ジャイアンツとの開幕戦を迎えた。

二万五〇〇〇人の大観衆が見守るなか、ロビンソンは五打数四安打、うち一ホームランという見事な成績を残し、華々しいデビューを飾った。彼はシーズンを、三割四分九厘（首位打者）、三本塁打、六六打点、四〇盗塁で締めくくり、チームをリーグ優勝させ、トリプルA球団の全米一を決めるジュニア・ワールドシリーズ制覇（ルイビル・カーネルズに対して四勝二敗）の立役者となった。

翌一九四七年四月一五日、ＭＬＢへの昇格を果たしたロビンソンは、ブルックリン・ドジャースの内野手としてボストン・ブレーブスとの開幕戦を迎え、ナショナル・リーグとアメリカン・リーグという現在の二リーグ制になって以来初の黒人メジャーリーガーとして、歴史にその名を刻んだ。デビュー戦こそノーヒットに終わったが、シーズン終了時には二割九分七厘、一二本塁打、四八打点、二九盗塁を残し、盗塁王と新人王の二冠に輝いた。

ドジャースは、ワールドシリーズで宿敵ニューヨーク・ヤンキースに三勝四敗で敗北したが、一九四六年、四七年と二年にわたって繰り広げられたロビンソンによる黒人初の挑戦は、彼の名声をアメリカ全土に響かせることになる。第二次世界大戦直後のアメリカンスポーツ界で、ロビンソンは時の人となった。

これが、現在の二リーグ制が成立してから初となる黒人メジャーリーガー誕生をもたらした「偉大なる実験」の概況である。人種差別への抵抗と挑戦の発端となった二年間に、こうしてデビューし、確たる地位を得たロビンソンは、戦前に兆しを見せ始めた人種統合の波を加速させ、軌道に乗せた最大の功労者だったといえるだろう。

「アメリカの夢」の実現

ロビンソンは、一九一九年一月三一日、黒人の人口が集中し、白人の人種偏見が特に強い土地とされる深南部州の一つジョージア州の片田舎の町カイロで、小作人《シェアクロッパー》の父ジェリーと上昇志向の強い母マリーとの間に、四男一女の末っ子として生まれた。母マリーは、夫の不義に業を煮やし、ロビンソンが一歳のときに五人の子どもを引き連れてカリフォルニア州パサデナへ転居。ロビンソンはそこで、ハイスクールからパサデナ・ジュニアカレッジ、さらにはUCLAへと進学し、いずれの学校でも、学業、スポーツとも好成績を残した。一九三八年のパサデナ・ジュニアカレッジ時代には、「学生としておよび市民として学校に著しい貢献を成したもの」一〇名に与えられるマスト・アンド・ダガー勲章（Order of the Mast and Dagger）を授与されている。

J・ロビンソン

ロビンソンは経済的な事情で卒業目前にUCLAを中退し、体育講師として連邦政府機関に職を得るが、まさにそのとき太平洋戦争が勃発した。一九四二年から四四年まで兵役に就いたが、名誉除隊後、黒人《ニグロ》リーグの盟主カンザスシティ・

モナークスに籍を置きショートストップを守る。通算成績は四七試合出場、三割八分七厘、五本塁打、一三盗塁だった。そのときに、ブルックリン・ドジャースのゼネラルマネージャー（以下GM）のブランチ・リッキー（一八八一～一九六五）に見出され、ロイヤルズへ入団、四七年ドジャースへ進むことになる。

ロビンソンは一九七二年一〇月二四日、コネティカット州スタムフォードで五三年間という短い生涯を閉じている。ジョージア州の片田舎に生まれ、全米第一の都市ニューヨーク郊外の高級住宅街で息を引き取るという劇的な住環境の変化は、「アメリカの夢」を実現した彼の人生を象徴しているといえよう。

ロビンソンの資質

ロビンソンは、なぜ、いかにして球史に、そしてアメリカ史に残る地位を築くことができたのか。その理由を、個人的および外的な要因それぞれから見てみたい。

ロビンソンの生涯を特徴づけるのは、幼少期からさまざまな試練があったことであろう。特に父親の不在は、ロビンソンと四人の兄姉たちを深く、長期にわたって苦しめた。

長男エドガーは知的障害を患っていたともいわれるが、生涯独身でひっそりと人生を送った。次男フランクはまともな職に就くことができないまま一九三九年、オートバイに乗っているときに自動車事故に巻き込まれ死亡した。三男マックは、一九三六年のベルリン五輪二〇〇メートル走でジェシー・オーエンスに次ぐ記録で銀メダルを獲得したほどのアスリートであった。ロビンソンは、マックとの精神面での溝を生涯埋めることができなかったと語っている。母マリーと姉ウィラ・メイの愛情が、多感な思春期を支える柱であった。

人種的な偏見や差別は、希望の地であったはずのカリフォルニアでも、ロビンソン家に容赦なかった。長男エドガーは、ロビンソンが二〇歳のときに警察による暴行を受け、公務執行妨害で逮捕された。ロビンソンは、幼少期に近隣者に人種偏見に満ちた暴言や侮辱をいくたびも受けて育ったという。成年期になるとロビンソンは、人種差別に強く抵抗するようになる。軍隊時代には人種分離されたバスの黒人席に移動することを拒んで、軍法会議にかけられている。結局、ジョー・ルイスらの支援もあり、軍法会議で無罪とされた。

ロビンソンは、両親の不和、貧困、人種差別に挫けることなく、むしろそれを逆手にとって、幼少期から学生時代に、さらにはプロとしてのキャリアで常に輝き続けた。そうできた理由の一つは、彼が並はずれて、心身のバランスに長けていたからにほかならない。

彼の優れた運動神経を示唆するエピソードには事欠かない。高校時代、大学時代は、フットボール、バスケットボール、ベースボール、陸上の四競技種目で代表選手の座を射止めている。また同時に彼は、勉学でも努力を怠らなかった。ジュニアカレッジ時代に学業面での業績を称える勲章を受けたことはすでに述べた。UCLA時代に、運動選手としての練習に多くの時間をとられながらも、平均以上の成績を維持していた。

ロビンソンは、人種主義を打倒すべきであるという固い信念の持ち主でもあった。彼のミドルネーム「ルーズベルト」は、リンチ反対、黒人官僚の任命などさまざまな反人種主義的な政策を打ち出し、彼が誕生する二五日前に没したセオドア・ルーズベルト大統領を悼んで、母親マリーがつけたものである。その名に込められた母の願いは、息子の見事な実績が、球界の、そして社会の人種統合へ大きな貢献を成すことによって実を結んだといえるだろう。軍隊時代に見せた、人種差別に屈しない強靭な精神力もまた、信念に裏打ちされたものであった。

しかしロビンソンは、社会の不正に対する怒りに人一倍燃えながら、それを制御するだけの克己心にも恵まれていた。それゆえ彼は、怪腕サチェル・ペイジや怪力ジョシュ・ギブソンを含む同時代の有力黒人選手より先に、歴史的な役割を果たすことができたのである。ドジャースのGMブランチ・リッキーは、この点でロビンソンの最大の理解者であった。リッキーにロビンソンの克己心の強さを確信させた次のやりとりは有名である。

一九四五年八月二三日、契約を前に二人は三時間におよぶ面談を行った。リッキーは、ロビンソンが球場でいかなる人種的な罵詈雑言を浴びせられても、冷静さを保ち、仕返しをしないことを約束できるかを尋ねた。ロビンソンは、「あなたは、そんな目に遭っても反抗できない弱虫黒人《ニグロ》がほしいのか」と切り返した。リッキーは間髪を入れずこう応じた。「私はそれでも反抗しないだけのガッツのあるやつがほしいのだ」と（Tygiel, *Baseball's*, p.66）。

ロビンソンは、聖書の句を引用して、片方の頬を叩かれたら、もう片方の頬を差し出すことを約束したという。リッキーは納得して、月給六〇〇ドル、現在の価値に換算して約七三二二ドルの報酬を条件にロビンソンと契約を結んだ。このやりとりを通して、二人の間にはその後生涯続く絆が形成されたのである。

心身のバランス、人種主義に対する闘争心、そして類まれなる自己制御力を兼ね備えたロビンソンは、貧困、不幸な家庭環境、人種主義という社会の害悪をはねのけ、スターの座をつかんだ。しかし、このような個人的資質は、彼だけに与えられたものではない。本書で言及してきた他の選手や指導者のなかにも、ロビンソンに引けを取らない闘士や人格者は存在した。ロビンソンが、ロビンソンとしての生涯を歩んだ理由を求めるには、さらに外的な要因に目を向ける必要がある。

時代の変化――白人の経験と第二次世界大戦

まずは先に挙げた、ブランチ・リッキーという人物である。

リッキーはオハイオ州に生まれ、オハイオ・ウェズリアン大学卒業後、一九〇五年にセントルイス・ブラウンズの一員としてMLBでのデビューを果たした。現役時代の通算打率は二割三分九厘、通算安打数八二、通算打点三九と、平凡な成績である。リッキーの名声は、現役引退後、セントルイス・ブラウンズ、セントルイス・カージナルスでの監督そしてブルックリン・ドジャースでのGMとして築き上げられる。現代的なファーム（二軍）制度の設立、打者の身の安全を確保するためのバッティング・ヘルメットの導入、ロベルト・クレメンテをドラフト制度によって入団させ、ヒスパニック系初のメジャーリーガーを誕生させたことなどは、すべて改革者リッキーの手腕によるものである。

ロビンソンの抜擢を可能にした経験の原点は、おそらく、一九〇四年、リッキーがオハイオ・ウェズリアン大学でコーチを務めた若き日に、チャールズ・トーマスという黒人の一塁手と出会ったことである。チームがインディアナ州サウスベンドに遠征した夜、トーマスはチームメートが宿泊するホテルでの滞在を拒否される。リッキーはホテルのマネージャーに指示して自分の部屋にハンモックを吊るさせ、トーマスをそこに寝かせた。夜が更けると、トーマスは涙を流し、「黒い肌、どうしたらこいつを白くできるのか」と声を震わせ、両手をこすり合わせて肌の色を落とそうとしたという。トーマスの屈辱をいつか晴らそうと、リッキーは固く心に誓った。それから四〇年が過ぎ、第二次世界大戦が終わり、機が熟したと見たリッキーが白羽の矢を立てた人物こそ、ロビンソンであった（Tygiel, *Baseball's*, p.52）。

いうまでもなく、第二次世界大戦という時代背景は、ロビンソンのデビューを可能にした最大にして決定的な要因である。一九三〇年代、ドイツのオリンピック選手と競走するジェシー・オーエンスや、マックス・シュメリングとボクシングをするジョー・ルイスの姿に、ナチズムに対する自由と民主主義の闘争をアメリカの国民が投影していたことは、すでに述べた。第二次世界大戦に勝利したアメリカは、自由民主主義の盟主として、とりわけ冷戦が深刻化しつつあった国際情勢のなかで、アメリカニズムの恩恵を海外にもたらす前に、まず国内に浸透させ、徹底させる強い必要にせまられていた。ヨーロッパや太平洋の前線で命をかけて祖国のために戦った黒人たちは、戦後、その祖国から自分たちの人権を保障してもらうのが当たり前であると考えるようになっていた。白人社会でも、それを支持する風潮が強まっていた。

スポーツ界での人種主義の打破をめざして、連邦政府の官僚や実業界の重鎮から、ラジオのスポーツ番組に耳を傾ける庶民まで幅広い合意が形成されたのは、真珠湾で攻撃を受けて以降の三年八ヵ月余りにおよぶ戦争経験によってである。この戦争なくして、ロビンソンのデビューはあり得なかった。

ロビンソンの影響

メジャーリーガーロビンソンの誕生は、次の三つの点で、その後のアメリカ社会に大きな影響を残すことになった。

第一に、黒人に対する偏見の軽減あるいは払拭である。それまで黒人の野球選手は、臆病で、運動能力や知的能力が足りず、白人メジャーリーガーを相手にプレイできないと見なされていた。しかしロビンソンの実力は、そのような先入観を根底から覆すものだった。

第二に、スタジアムで繰り広げられるチームプレイやチームワークが、白人と黒人による共働の可能性を実証して見せたことである。白球が結び、紡ぎあげるアスリート間の信頼や協力の関係は、やがて実社会の市民間の関係へと発展することになる。

そして第三に、アメリカ社会における人種関係の将来像を国民に提示したことである。

ここに掲げる一枚の写真は、一九四七年四月一一日、開幕を四日後に控えたドジャースのフランチャイズ、ドジャースのホーム球場エベッツ・フィールドの一塁側ベンチを撮ったものである。胸に「ドジャース」の文字を入れた新しいユニフォームに身を包んだロビンソンは、写真の中央辺りに腰かけている。ベンチの屋根には白人の少年たちが群がり、天井から身を乗り出して、競い合ってロビンソンのサインを求めている。少年たちはおそらく、中学生くらいであろう。彼らが英雄ロビンソンにサインをねだるその様子に、人種主義による偏

ベンチでサインを請われるJ・ロビンソン

見や差別の影は見られない。少年たちが成人し、社会を動かすようになった一九五〇年代後半から六〇年代にマーティン・ルーサー・キング牧師らが率いる公民権運動は最高潮に達し、人種分離制度は一掃された。多くの若い運動家を支えたものの一つには、多感な思春期に育んだ、人種の壁を打ち破ったロビンソンの記憶があったのではないだろうか。

スポーツ史学界で評価の高いロビンソン伝をまとめた白人研究者ジュールス・タイジェル（一九四九～二〇〇八）も、幼い日にロビンソンの活躍をラジオで聴き、胸を躍らせた一人である。彼は、この大著の序章で次のように述べている。

一九四七年にロビンソンは人種の壁を破

った。私はその二年後に生まれたが、ロビンソンの伝説に育まれて大きくなったといってもよい。父は、ブルックリンっ子にふさわしい素養を身につけさせようとして、七歳の年に私をエベッツ・フィールドへ連れて行ってくれた。その試合でドジャースは、九回裏に三本塁打をおみまいしてフィリーズを打ち破った。私はたちまちドジャースファンになった。ドジャースが一九五八年にロサンゼルスへ移転したことは、幼少期でもっとも辛かった経験の一つである。私はロビンソンの大ファンだった。その理由は、彼が人種統合を実現したからである。当時はまだそれが何を意味するのか、よくわからなかった。それでも、それが素晴らしいことであることはわかった。それは私にとって、政治と人種関係に関する最初の勉強であった。

(Tygiel, *Baseball's*, p.vii)

人種統合は実現したか

黒人メジャーリーガーの誕生は、スポーツ界のみならず、アメリカという国家全体を動揺させ、社会の人種的な統合へと全国民を巻き込む大規模な改革運動を加速させる。しかしその道のりは決して平坦ではなかった。

ジャッキー・ロビンソン自身にも、精神的な負担は重くのしかかった。ロイヤルスの選手としてボルティモアやルイビルのような南部都市への遠征に出ると、観客のひどいヤジや仕打ちが待ち受けていた。「眠ることも、食べることもできない日々が続いた。私が神経衰弱に陥るのではないかと心配する医師もいた」とロビンソンはのちに語っている。ロビンソンのデビューが黒人コミュニティに深い亀裂を走らせた。黒人《ニグロ》リーグの黒人オーナーたちの中には、優秀な選手を引き抜かれることを警戒し、ブランチ・リッキーの大胆な決定に当惑し、敵意を剝き出しにする者もあった。

それでも大多数の国民は、ロビンソンを歓迎し、注目し、熱い声援を送った。人種差別が厳しい南部が反ロビンソンの一枚岩でなかったことは、南部ミシシッピー州出身のモントリオール・ロイヤルズ監督クレイ・ホッパーの「君はすばらしい選手だ。紳士でもある。チームの一員になってくれてこんなにうれしいことはない」という一言からもわかる（Ashe, *A Hard Road* Volume3, p.2）。ロビンソンは保守派を含む広い階層に夢と希望を与え、多くの人びとから敬意と激励を受け、社会を人種統合へと着実に歩み始めさせる役割を担ったのである。

一九五一年、カンザス州トピカに住む溶接工オリバー・ブラウンは、小学校三年生の娘リンダを、一マイルも離れた黒人校ではなく、わずか六ブロック先にある白人校に通学させる決心をし、仲間の黒人たちとともにトピカの教育委員会に対する集団訴訟を起こした。一九五四年連邦最高裁は、人種分離主義の法的な根拠としてプレッシー対ファーガソン裁判以来半世紀以上用いられてきた「分離すれども平等」の原則が、違憲であるとの判決を下す。この「ブラウン判決」は、公立学校での運動競技の人種的な統合に強い追い風となった。以後、ハイスクールやカレッジのスポーツチームで黒人選手は急激に増加する。

では、ロビンソンのデビュー以降、ベースボールで、そして他競技種目で人種統合はどのように進んだのか。

ベースボールでの漸次的進展

ベースボールでは、ロビンソン以後、一人また一人と黒人選手のメジャー入りが決まっていった。しかしロビンソン入団以降一九五三年までの七年間で黒人選手のMLB入りは、ナショナル・リーグで二年ごとに約三人ずつ、アメリカン・リーグで二年ごとに約一人ずつにすぎず、そのペースはきわめて緩慢だった。球界は、例外的に入団を容認したにすぎない。

この期間中、のちに名声を獲得するラリー・ドービーが一九四七年にクリーブランド・インディアンスに、サム・ジェスローが五〇年にボストン・ブレーブスに入団を決めた。ドービーはその後七回オールスターに出場し、ジェスローは新人賞を獲得した。いずれも貴重な戦力としてチームに貢献している。

全球団で黒人選手が誕生するのは、ボストン・レッドソックスがパンプシー・グリーンを入団させた一九五九年のことである。ロビンソンのデビューから一二年目のことであった。

球団のオーナーは、黒人選手が多すぎて白人ファンに反感を持たれることをおそれ、一度に複数の黒人選手を登録することを、複数の登録が避けられない場合は、複数の選手が試合に出場することを避けようとした。ロビンソンを入団させたドジャースだけは例外で、一九五〇年にはロビンソンのほかに、ロイ・カンパネラ、ドン・ニューコム、ダン・バンクヘッドという三名の黒人選手を一軍登録させている。ドジャースは黒人ファンの関心と期待がもっとも集まった球団だった。

それでも、ベースボールでの人種統合は一九五八年に一つの道標を超えた。本拠地をニューヨークに構えていたブルックリン・ドジャースとニューヨーク・ジャイアンツがそれぞれロサンゼルスとサンフランシスコに本拠地を移したこの年、MLBに占める黒人選手の比率が全人口に占める黒人人口の比率にほぼ匹敵する約一〇%のレベルに達したのである。そしてその比率は、一九六〇年代に人口比をはるかに超えて上昇を続けることになる。

バスケットボールと黒人コミュニティ

バスケットボールは、第二次世界大戦前から、北部大都市の中心部に集住地区を形成しつつあった南部出身の黒人住民に親しまれ、強く支持されてきた。そのためバスケットボールは、黒人コミュニティと関係の深い競技として発展を遂げ、他競技と歴史的、文化的に一線を画すようになっていた。

バスケットボールは用具の必要が少なく、貧困家庭の子弟でも容易に参加が可能であった。外コート用の靴、あるいは体育館用上履き、フープ（ゴール用のリングポスト）、そしてボールさえあればゲームをすることができるからである。コートはあまり場所をとらず、スペースの限られた大都市の中心地区でも、比較的簡単に整備することができ、黒人街からわずかの距離に位置する場合が多かった。

さらに、ベースボールやフットボールに比べ、伝統に縛られず、地域社会や時代の必要に応じて、規則を柔軟に修正してきた。プレイヤーの要求に応じて競技のありかたを変更することも可能だった。選手に攻撃を早く仕掛けさせるために、一九五四年に導入された二四秒ルール（ショットクロック）はその一例である。これは、ボールを奪ったチームは、二四秒以内にシュートをしなければ、ボールを相手チームに渡さなければならないとするものである。

こうした歴史と競技としての特徴は、プロでも、アマチュアでも、抜きん出て優れた黒人選手を生み出すことになり、戦後、他競技に先駆けて、黒人選手が多数派となる状況が生まれるようになる。

黒人プロ巡業チームの驚異的勝率

プロでは、一九二〇年代からレンズやハーレム・グローブトロッターズのような黒人プロ巡業チームが設立された。これら巡業チームは全国各地をめぐり、白人チーム、黒人チーム、あるいはその両者から成る混成チームと戦い、驚異的な勝率を記録していた。たとえばレンズは一九三二～三三年のシーズンに一二〇勝八敗で勝率九割三分を、グローブトロッターズは二〇〇〇試合目を数えた一九四〇～四一年のシーズンに一五九勝八敗し、勝率九割五分を残している。この頃すでにバスケットボールは、黒人スポーツとして萌芽期を迎えていたと見ることもできよう。

一九三七年、中西部の都市を中心に全米バスケットボール連盟（以下NBL）が結成される。このリーグには、一握りであったが、ロングアイランド大学による全国制覇の立役者ウィリアム・〝ドーリー〟・キングや、黒人大学であるクラーク・アトランタ大学の主力選手ウィリアム・〝ポップ〟・ゲイツのような黒人選手がすでに在籍していた。

第二次世界大戦後、ニューヨーク、ボストン、フィラデルフィアなど北部の大都市で、アイスホッケーのアリーナのオーナーたちは、アイスホッケーの休業期にアリーナを有効利用することを目的として、プロバスケットボールを本格的に組織化しようと動き出した。その結果、一九四六年にアメリカバスケットボール協会（以下BAA）が設立される。

NBLのキングとゲイツは、BAAとの交流戦で白人選手のチック・ミーハンを相手に乱闘騒ぎを起こしたため、交流戦の開始からわずか一年で除籍となった。とはいえ、これら二人は、第二次世界大戦直後のプロバスケットボール界に籍を置いた黒人選手の先駆者である。

黒人初のNBA選手たち

巡業チームのグローブトロッターズのオーナーであるユダヤ系アメリカ人のエイブ・セイパースタイン（一九〇二～六六）は、チーム設立の一九二〇年代後半以降一貫して、優秀な黒人選手の流出を警戒し、プロリーグの結成には反対の立場を貫いてきた。

それでも、BAAとNBLが合併して一九四九年にナショナル・バスケットボール協会（NBA）が誕生すると、新生リーグに所属するボストン・セルティックスの代表は最初のドラフト会議で、デュケイン大学で通算九九〇得点をあげたチャック・クーパー（一九二六～八四）を指名した。クーパーは黒人としてNBAで最初に指名を受けたことになる。

セルティックスがクーパーを採用した背景には、ジャッキー・ロビンソンの影響があったことは間違いない。デュケイン大学卒業後、クーパーはハーレム・グローブトロッターズと契約し、エキシビション試合を行っていたことがあった。クーパーの力強いブロックショットを見た記者のなかには、クーパーが「バスケットボール界のロビンソンになるだろう」と予言する者もあった。そしてその予言は、見事的中したのである。

同じドラフト会議で、ナサニエル・クリフトン（一九二二～九〇）がニューヨーク・ニックスから、アール・ロイド（一九二八～）がワシントン・キャピトルズから指名を受けた。その後、クーパー、クリフトン、ロイド三人のうち、クリフトンが最初に正式な契約を交わし、ロイドが最初にコートに立った。こうして、初シーズンを終えるまでに、三名の「NBA黒人初」が誕生したのである。オーナーたちは、利潤追求のために強い選手の確保が急務であるとし、翌年からも有望な黒人選手を積極的に採用するようになる。

崩れゆく南部の「紳士協定」

アマチュアの中心である大学を見ると、北部および西部では、バスケットボールが競技として誕生した直後の二〇世紀初頭から、黒人選手を受け入れる動きが始まっていた。一九〇四年までには北部のいくつかの大学チームで黒人選手の姿が見られるようになり、三一年にコロンビア大学のジョージ・グレゴリー（一九〇六～九四）は全米学生代表に選抜されている。

カレッジフットボールと異なり、カレッジバスケットボールでは、黒人選手を締め出そうという暗黙の了解は成立しなかった。おそらくそれは、バスケットボールが黒人文化とより強く結びつきつつあったからであろう。

第二次世界大戦後、北部の大学で黒人選手はさらに増加した。一九五〇年に全米大学体育協会（NCAA）大会と全米招待選手権（NIT）の二冠に輝いたニューヨーク市立大学も混成チームだった。一九五〇年代半ばまでに、南部以外の地域では、バスケットボールチームの構成や運営上、深刻な人種問題はほとんどなくなっていたといっていい。

だが南部社会での人種差別は、なお強固だった。深南部諸州の大学が構成するサウスイースタン・カンファレンスやサウスウエスト・カンファレンスの試合では、黒人選手の参加はまったく見られなかった。北部や西部のチームと南部のチームの交流試合では、暗黙の了解に基づくいわゆる「紳士協定」が存在した。それは、北部や西部のチームに黒人選手が在籍する場合、南部側はその出場を自発的に取り下げることを求め、北部・西部側がこれに応じるというものだった。

しかし第二次世界大戦後、反人種主義運動や公民権運動が高揚するにしたがい、北部や西部のチームは、黒人選手の出場を認めない南部のチームとの対戦を拒否するようになった。南部のチームは守勢に立たされ、その中から大胆な決定を下す大学も現れる。

黒人五人対白人五人の決勝戦

第二次世界大戦後の南部の大学で、バスケットボールチームへの黒人選手の参加をもっとも劇的に進めたのは、サウスウエスト・カンファレンスに所属するテキサス・ウエスタン・カレッジ（以下ＴＷＣ）だった。一九五六年にＴＷＣは、チャーリー・ブラウンとセシル・ブラウンという従兄弟の黒人選手二人を、チームに受け入れる決定を下した。これが深南部で最初の人種混成チームである。

TWCの選手たち　1956年

ＴＷＣの決定の背景には、地理的要因があった。大学のあるテキサス州エルパソは、州の西端に位置し、歴史的、文化的に南部よりもむしろ西部に近かった。人種へのこだわりは弱く、黒人選手の入部に対する反対も強くなかった。

しかしそれ以上に、強い、政治的、戦略的な理由もあった。ＴＷＣは無名の弱小大学であったものの、野心を抱く指導者に恵まれていた。ＴＷＣの指導者たちは、強いチームを育て伝統的な強豪校に勝利を収めれば、大学の知名度を上げられると考えたのである。指導者たちは、執行部で合意を形成すると、北部諸都市の公立運動場に目を向けるようになる。

一九六六年のNCAA主催トーナメント決勝戦は、TWCの歴史上、というよりアメリカのカレッジバスケットボールの歴史上、忘れることのできない重要な試合となる。このときTWCヘッドコーチのドン・ハスキンス（一九三〇～二〇〇八）は先発メンバー五人が全員黒人からなるチームを、名将として誉れの高いアドルフ・F・ラップ率いる強豪ケンタッキー大学に向けたのだ。これは、黒人五人対白人五人という人種的な対抗関係がもっとも鮮明に現れた決勝戦であった。試合はTWCが、七二対六五で勝利を収め優勝の栄冠を手中にした。

無名の新参校が黒人チームを結成し、最強と謳われてきた古豪校を破ったニュースは、南部全土を駆けめぐり、それまでの常識を根底から覆す結果をもたらした。これ以降、人種主義を批判的に見直し、黒人選手の入団を積極的に進めようとする南部の大学が現れる。南部社会に特有のスポーツ愛好心は、人種主義よりも、競技大会での優勝による名誉を手に入れるべきとの決断を大学執行部に促し、黒人選手の入部および出場を許可する大学が増えていったのである。

TWCの優勝後、一九六六年にサウスイースタン・カンファレンスのバンダービルト大学はペリー・ウォーレスを入部させ、翌年に出場させた。ウォーレスは地元バンダービルト市のスター黒人選手で、パール・ハイスクール時代の成績はオールA、卒業式では学年代表で答辞を読んでいる。ウォーレスは大学卒業後、NBAのフィラデルフィア・セブンティシクサーズ（76ers）からの指名を辞退して、法律の道を選んだ。現在はアメリカン大学ワシントン法科大学院教授である。

一九六九年にサウスイースタン・カンファレンスのオーバーン大学は、地元ボリジー・ハイスクールで活躍したヘンリー・ハリスを受け入れ、バスケットボールコートに送り出した。さらに一九七〇年代に入ると、堰を切ったかのように黒人選手は急増し、七五年から七六年のシーズンまでに、大学チーム登録選手の四五％を占めるようになった。

ラムズからレッドスキンズまで

フットボールでは、第二次世界大戦後に反人種主義の運動熱が高まるなかで、バスケットボールと同様に、プロとアマそれぞれのレベルで人種的に統合されたチームを編成しようとする動きが見られた。

プロでは、NFLが一九三三年に紳士協定によって黒人選手を締め出し、この方針を第二次世界大戦を通して継続していた。しかし、戦後まもなく一九四六年に設立された新リーグであるオール・アメリカ・フットボール・カンファレンス（以下AAFC）は、NFLと対抗するためにも傘下のチームを強化する必要に駆られ、またベースボールでのジャッキー・ロビンソンの活躍にも促されて、黒人選手に門戸を開放する。

クリーブランド・ブラウンズのオーナー兼監督のポール・E・ブラウンは、ハイスクール時代から目をつけていたネバダ大学のランニングバック、マリオン・モトレーと、オハイオ州立大学時代の教え子であるラインマンのビル・ウィルスの二人を獲得した。翌年にはベースボール球団と同名のニューヨーク・ヤンキースなど五チームが続き、黒人プロフットボール選手が続々と誕生した。しかしAAFCは一九四九年のシーズンを最後に解散し、傘下にあったクリーブランド・ブラウンズ、サンフランシスコ・フォティナイナーズ（49ers）など三チームはNFLに吸収される。

NFLでも、ライバルAAFCの方針に煽られるかたちで、一九三三年以来黒人選手に閉ざされてきた扉をAAFC設立の一九四六年に開いた。

先陣を切ったのは、ロサンゼルスに本拠地を移したラムズである。ラムズは、一九四六年にUCLA出身のケニー・ワシントンとウッディ・ストロードを迎え入れた。ワシントンは翌年のシーズンに一二試合に出場し、ランニングバックとして四四四ヤードを獲得、ラッシャーとしてリーグ四位に入る好成績を残した。その後も黒人選手は徐々に増え続け、一九五六年には当時史上最強と謳われたランニングバックのジム・ブラウンがクリーブランド・ブラウンズに入団し、初シーズンから次々と快記録を打ち立てた。

一九六二年、人種主義の「最後の砦」と見なされていたワシントン・レッドスキンズも、ついに黒人選手ボビー・ミッチェルの入団を認めた。これは、レッドスキンズオーナーのジョージ・P・マーシャル（一八九六～一九六九）が、リベラルな社会改革をめざすジョン・F・ケネディ政権の内務長官ステュワート・L・ユードル（一九二〇～二〇一〇）の執拗な圧力に屈したために実現したものである。この結果、NFL全チームで黒人選手が在籍することになった。

カレッジフットボールでの歩み寄り

アマチュアでは、その代表である大学のなかで、とりわけ黒人大学では各大学の学長がもっとも収入を得やすい競技として、フットボールに注目していた。すでに見てきたように、黒人大学のスポーツ競技は伝統的に低調であったが、フットボールだけには、例外的に多くの資本と人材が投下された。それでも現在にいたるまで、カレッジフットボールの最優秀者を表彰するハイズマン杯やアウトランド杯を黒人大学の選手が授賞したことはない。実力でも、また社会の注目度でも、カレッジフットボールの主役は、ヨーロッパ系の学生が多数派

K・ワシントン　中央のナンバー13の選手

を占める一般の大学であった。

第二次世界大戦前のカレッジフットボールで、人気、実力ともにナンバーワンといわれた名選手の一人は、先述のようにのちにロサンゼルス・ラムズに入団し、黒人NFL選手第一号となるUCLAのケニー・ワシントンであった。一九四五年に黒人読者を対象に創刊された総合誌『エボニー』がカバーストーリーで取り上げた最初のアスリートも、ワシントンである。ワシントン入団の一九三七年に二勝六敗一引分だったUCLAの戦績は、二年後の三九年には六勝〇敗四引分へと上昇した。UCLAの体育関連予算収支は、一二万一五二九ドルの赤字から四万七〇三三ドルの黒字へと好転する。いずれもワシントンの実力と人気がもたらした結果である。

第二次世界大戦後になると、カレッジフットボールでも、他の競技種目での変化に歩調を合わせるかのように、人種統合に向けてさまざまな働きかけが見られるようになる。一九四七年、南部の強豪バージニア大学は、六フィート四インチ、二二五パウンドの堂々たる体軀を誇り、のちに精神医学者として有名になる黒人タックル、チェスター・″チェット″・ピアスを擁するハーバード大学との試合を、ホームであえて拒まなかった。しかも最終クォーターにピアスがベンチに戻る際、スタンドの観客は総立ちとなり、健闘を称えて拍手で彼を迎えた。これは南部の大学としては異例の出来事であった。

毎年元旦にテキサス州で開催されるコットンボウルでは、一九四八年にペンシルバニア州立大学のウォレス・トリプレットとデニー・ホガードが黒人選手として初出場を果たした。一九五五年にジョージア州知事マービン・グリフィンが、対戦相手のピッツバーグ大学に黒人選手が在籍するという理由で、ジョージア工科大学のシュガーボウルへの出場を禁じると、同大学のキャンパスに二〇〇〇人を超える学生が集結し、抗議が起こった。

戦後、リベラリズムが高揚するなかで、南部の古豪大学は抵抗しながらも、また遅々としたペースであったとはいえ、フットボールチームの人種統合に向けた流れに巻き込まれていく。

一九五八年、プレンティス・ゴートがオクラホマ大学チームの一員となったとき、南部の主要大学で初の黒人フットボール選手が誕生した。以後、黒人選手は漸増し、一九六〇年代になると三名（六一年アーニー・デービス、六五年マイク・ギャレット、六八年O・J・シンプソン）が、ハイズマン杯を受けることになる。

ボクシング、陸上、テニス、ゴルフでの変化

その他の競技についても見ておこう。

ボクシングのヘビー級では、ジョー・ルイスが一九四九年に引退後、エザード・チャールズやジャージー・ジョー・ウォルコットら黒人選手が王座を継ぎ、他の階級でもアーチー・ムーア（ライトヘビー級）、シュガー・レイ・ロビンソン（ミドル級）、ジョニー・ブラットン（ウェルター級）など黒人の強者が王座を手中にした。以来二一世紀の初頭まで、ボクシング界では非常に多くの黒人王者の誕生を見ることになる。ボクシング界では、白人がいかに善戦するかが、むしろ注目されるようになった。

陸上競技でも、一部の種目でボクシングと同様の現象が見られた。一九四八年ロンドン五輪でハリソン・ディラード（一〇〇メートルで金）やマルビン・ホイットフィールド（八〇〇メートル、四〇〇メートルリレーで金）ら七名がメダルを獲得したのを皮切りに、短距離走種目を中心として黒人メダリストが続々と誕生した。メダリスト数は一九五二年ヘルシンキ五

輪での一〇名、五六年メルボルン五輪での一七名へと増加した。ここでも白人選手の影が薄くなる印象に社会は注目するようになっていく。やがて「白人は跳べない」「白人スプリンターはどこへ」など、わかりやすいスローガンとともにその不在の原因が取り上げられるようになる。

ゴルフでは、一九四八年に会員を白人に限定していた全米プロゴルフ協会（ＰＧＡ）を相手取って、黒人ゴルファーのビル・スピラー、テッド・ローズ、マディソン・ガウンターら三名が訴訟を起こし、示談に持ち込んでＰＧＡに人種差別的な条項を撤回させた。しかし多くのカントリークラブでは旧弊が続き、チャーリー・シフォードやリー・エルダーら数少ない黒人ゴルファーによる苦労と挑戦が続いた。

テニスではオスカー・ジョンソンがパイオニアとして閉ざされた門戸をこじ開け、アリシア・ギブソン（一九二七～二〇〇三）やアーサー・アッシュ（一九四三～九三）ら若手が登場し、新しい世代を担うことになった。

第V章　台頭から優越へ——メダル量産と黒人選手比率の激増

プロバスケットボール界の巨星たち

第二次世界大戦後、人種統合を果たしたスポーツ競技のなかには、時を経るにつれて、際立って黒人選手の数と比率が増加した種目がある。それには「台頭」よりも「優越」という言葉がふさわしい。しかしスポーツ競技種目全体から見ると、黒人選手が優位に立ったのはそのなかの一部にすぎない。それはなぜだろうか。

黒人アスリートが優位に立った競技は、バスケットボール、フットボール、陸上競技の三つである。

一九五〇年代を通じて、ＮＢＡは着実に黒人アスリートを増加させた。一九五八年、当時

NBA在籍チームのなかで最南の地に位置したセントルイス・ホークスが、白人選手のみで優勝を勝ち取った最後のチームとなった。翌年ホークスにも黒人選手が入団し、すべてのNBAチームで黒人選手が在籍することになった。以後、白人は徐々に主役の座を黒人に譲り、現役登録者の比率は下降の一途をたどる。

NBAチームへの黒人選手入団に反対し続けたエイブ・M・セイパースタイン率いる黒人プロの巡業チームであったハーレム・グローブトロッターズは、高まるNBA人気に押されて次第に路線修正を行い、観客を喜ばすための興行的要素を取り入れ、その営業の範囲を国内から国外へと拡大した。現在までに世界一一八ヵ国で二万回に及ぶ興行試合を開催し、スポーツと演劇とユーモアを織り交ぜた独特の演出によって、バスケットボール史上に特異な地位を築き、同時にまた黒人身体能力ステレオタイプの普及に大きく貢献することになる。

NBAは、一九六七年に設立したアメリカン・バスケットボール・アソシエーション(ABA)というライバルリーグによって、一時劣勢に立たされたかに見えたが、七五年にABAを吸収合併することによって危機を逃れ、以後今日まで着実に発展の道を歩んできた。その途上、コートには常に時代を代表するスーパースターがいた。そしてその選手はすべて黒人だったといっても過言ではない。一九六〇年代は、ボストン・セルティックスのビル・ラッセル(一九三四〜)とフィラデルフィア・ウォリアーズのウィルト・チェンバレン(一九

表3　アメリカ3大スポーツと黒人選手比率（%）の推移

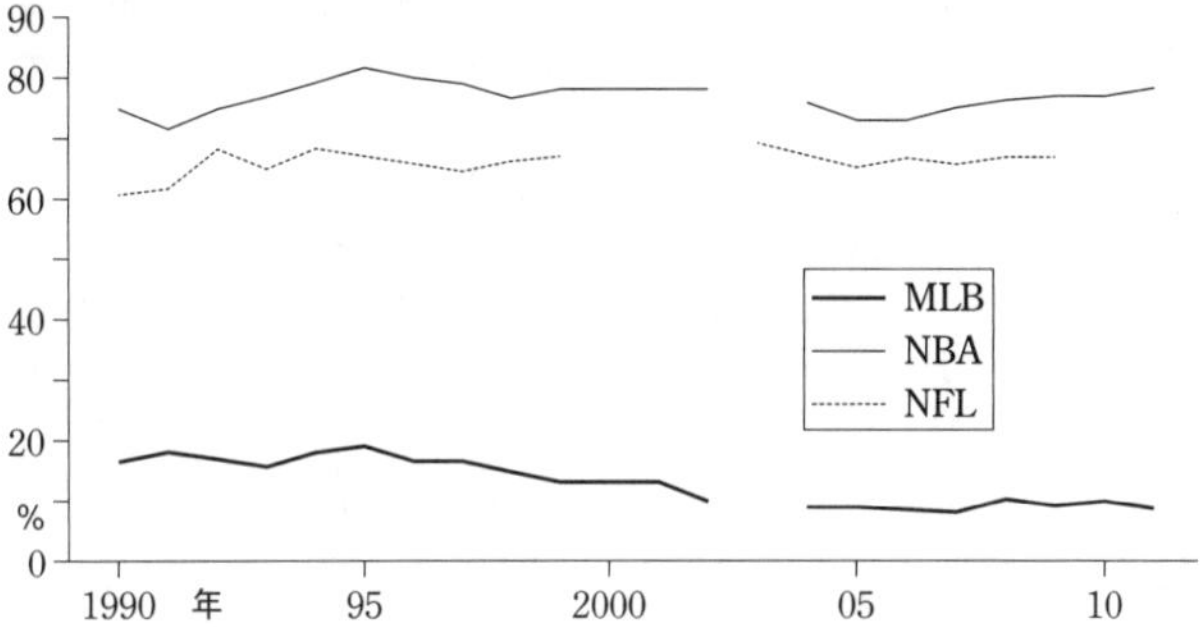

註記：MLB, NBAの2003年，NFLの2000～02，04，09～11年は未調査
出典：The Racial and Gender Report Card 1990-2011［http://web.bus.ucf.edu/sportbusiness/?page=1445］

三六～九九）による「巨人の対決」が話題をさらった。一九七〇年代はロサンゼルス・レイカーズのカリーム・アブドゥル＝ジャバーとマジック・ジョンソンが脚光を浴び、八〇年代から九〇年代はマイケル・ジョーダン率いるシカゴ・ブルズが黄金時代を築いた。

二一世紀に入ると、中国の巨漢ヤオ・ミン（姚明）、日本の田臥勇太、台湾系でハーバード大学卒のエリート選手ジェレミー・リン（林書豪）などのアジア人や、ヨーロッパ諸国の有力選手が続々と参入し、NBAは国際化の時代を迎えたともいわれる。しかし最近二〇年間におけるNBA選手の人種別比率を見る限り、黒人選手の優位は揺るぎそうにない。

一九九〇年から二〇一一年の間に、NBA現役選手に占める黒人の比率は七二％から八二％の間を上下している。一九九五年のピーク時八二％から一〇年後の二〇〇五年の七三％まで、この比率は減少したが、その後反転し、二〇一一年は七八％である。いずれにせよ、平均しても黒人は常に一〇人中の七人以上を占めてきたことになり、このような寡占状況は、他のいかなる競技種目にも見られない。

カレッジバスケットボールの五輪経験

アマチュアの状況も、プロと大差は見られない。一九五八年から七〇年までの間に、全選手に占める黒人選手の比率は二九％にすぎなかったが、この二九％が五〇％もの得点を決めたとの報告がある。これは、黒人選手が少数派だった時代でも、すでに実力は白人選手を上回っていたことを示唆している。最近二〇年間の人口比を見ても、NBAよりはやや低めとはいえ、五五％から六二％の間を上下してきた。やはり他の競技種目よりも高い比率で、なお上昇する傾向にある。

アマチュア黒人選手はオリンピックでも主要な役割を果たしてきた。一九六八年のメキシコ大会では、社会学者ハリー・エドワーズ（一九四二〜）らがアメリカ国内や南アフリカでの人種差別に抗議して起こした出場ボイコット運動に対する賛否をめぐって、チームは内紛に陥った。のちにロサンゼルス・レイカーズで活躍するルー・アルシンダー（一九七一年にカリーム・アブドゥル＝ジャバーに改名）など数名はボイコットに賛成したが、デトロイト大学のスペンサー・ヘイウッドやカンザス大学のジョ・ジョ・ホワイトら有力選手を含む五人は出場を主張した。結局代表チームは出場し、アメリカに金メダルをもたらしたが、五人の出場選手は黒人コミュニティの一部から厳しい批判を浴びることになった。

また、一九七二年のミュンヘン大会では五〇対五一という僅差で、八八年のソウル大会では七六対八二でソ連に敗北するという屈辱を味わった。

バスケットボール選手の五輪経験は悲喜こもごもであったかもしれないが、その間黒人オリンピアンの数は一九五六年メルボルン大会と六〇年ローマ大会における三名から、八八年ソウル大会での一二名へと着実に増加の道を歩んだ。

一九九二年のバルセロナ大会では、プロの参加が認められたことにより、マジック・ジョンソンやマイケル・ジョーダンに加え、チャールズ・バークレイ、クライド・ドレクスラー、パトリック・ユーイングら選り抜きのNBA選手一二名を含む「ドリームチーム」が編成された。アメリカチームは、世界の強豪を次々と撃破し、圧倒的な力を見せつけて優勝を飾ることになる。

「モバイルQB」の時代

NFLでは、一九六二年にボビー・ミッチェルがワシントン・レッドスキンズに入団後、七一年までにゆっくりと黒人選手の受け入れが進んだ。その後は、その比率が漸増から急増へと変わる。

一九五九年に設立され、翌六〇年から試合を開始したアメリカン・フットボール・リーグ（以下AFL）は、勝利にこだわってNFLよりも黒人選手の獲得に積極的な方針をとった。それがNFLに与えた影響も見逃せない。一九七〇年にNFLはAFLを吸収合併し、経営基盤を固めて新しい時代へと進んだ。

一九七〇年以降、黒人NFL選手は増加の一途をたどり、競技史に名を残す選手が次々と誕生する。ランニングバックではバッファロー・ビルズのO・J・シンプソンやダラス・カウボーイズのトニー・ドーセット、ワイドレシーバーではピッツバーグ・スティーラーズのリン・スワンやサンディエゴ・チャージャーズのケレン・ウィンスロウなどである。なおシンプソンが、一九九〇年代に元妻ニコール・ブラウン殺人事件の容疑者として全米の注目を集めたのは周知の通りである。

二〇世紀末以降NFLは、黒人クォーターバック（以下QB）の時代に移行したともいわれる。二〇〇一年に黒人QBとして初めてドラフトで一位指名されたマイケル・ヴィック、フィラデルフィア・イーグルスを五度のスーパーボウルの王者に導いたドノバン・マクナブなど、今日NFLの人気は、黒人QBの活躍と切っても切り離せない。ゲームコントロールやスローイングだけでなく、快足を飛ばし競技場を縦横無尽に駆け回る姿に、「モバイルQB」という言葉が用いられるようになった。

最近二〇年間におけるNFL黒人選手の比率は六一％から六九％の間を推移し、アマチュアの代表であるカレッジフットボールでは四〇％代を上下している。プロと大学で若干の開きはあるものの、いずれの場合もバスケットボールに次ぐ高率である。黒人選手は、フットボールでも主役の座にあるといっていいだろう。

陸上競技でのメダル量産

オリンピックや世界選手権など国際的な陸上競技大会で注目を集めたアメリカ選手の多くは黒人だった。「世界一速い人間」を決める競走として、世界中の注目を集める短距離一〇〇メートルを例にとってみよう。

一九五六年にウィリー・ウィリアムスは一〇秒一の新記録を打ち立て、ジェシー・オーエンスが持っていた一〇秒二のタイムを二〇年ぶりに塗り替えた。以後、一九九一年にカール・ルイスが九秒八六でゴールラインを駆け抜けるまで、実に一七名ものアメリカ黒人スプリンターが世界記録を達成し、あるいは更新する。

一〇〇メートル以外も見てみよう。短距離二〇〇メートルでは一九三六年にオーエンスが

表4　アメリカ黒人陸上選手の五輪メダル獲得数（1948～92年）

		金	銀	銅	合計
ロンドン	1948	8	1	1	10
ヘルシンキ	1952	9	4	1	14
メルボルン	1956	10	3	5	18
ローマ	1960	11	3	3	17
東京	1964	10	8	1	19
メキシコ	1968	19	4	4	27
ミュンヘン	1972	7	6	1	14
モントリオール	1976	10	8	3	21
ロサンゼルス	1984	27	10	3	40
ソウル	1988	17	7	2	26
バルセロナ	1992	19	11	5	35

出典：Arthur R. Ashe, Jr. *A Hard Road to Glory: A History of the African-American Athlete since 1946* Volume 3（［New Edition］New York: Amistad, 1993）.

二〇秒七を出して以来、八〇年にジェームス・サンフォードが一九秒七を打ち立てるまで、アメリカ黒人選手から一二名もの世界記録保持者が誕生した。四〇〇メートルでもほぼ同じ期間に、八名の世界王者が誕生している。

一九六〇年のローマ五輪以降も、アメリカ黒人アスリートは陸上競技種目でメダリストを量産し続けた。ローマ五輪では金メダル一個、銀メダル三個、銅メダル三個、東京五輪（一九六四年）では金メダル一〇個、銀メダル八個、銅メダル一個を獲得した。上昇傾向はその後も継続し、バルセロナ五輪（一九九二年）では躍進著しい女性選手が加わり、その数は金メダル一九個、銀メダル一一個、銅メダル五個に達した。

アメリカだけでなく、アフリカやヨーロッパの国々の黒人代表選手にまで視野を広げると、黒人選手の強さはさらに明白である。たとえば一九六八年のメキシコ大会では、リレーを含む全陸上競技種目で、男子黒人選手は九〇個のメダルのうちの四〇個を勝ち取り、二四種目のうち一一種目で優勝を果たしている。

「黒いカモシカ」と呼ばれ、世界中から愛された黒人女性陸上選手ウィルマ・ルドルフ（一九四〇～九四）の存在も忘れてはならない。ルドルフは、一九六〇年ローマ五輪一〇〇メートルで追い風参考とはいえ一一秒を記録し、女性としては二四年ぶりになる短距離の金メダルをアメリカにもたらした。ルドルフの活躍は、女性スポーツ界にも黒人の時代が到来したことを告げる快挙であった。

二〇世紀末から現在まで、陸上王国ジャマイカの台頭もあり、国際競争は熾烈をきわめている。しかし今日なお、陸上大国としてのアメリカの地位は揺るぎそうにない。そしてその主力は黒人アスリートなのである。

ベースボールの再「白人化」

他方で競技のなかには、黒人アスリートの存在感が次第に薄くなった種目もある。その代表的なものがベースボールである。

おそらく一九六〇年代末から七〇年代前半にかけてが、黒人メジャーリーガーにとって一つの頂点だった時代ではなかっただろうか。一九六七年と六九年に全球団平均の黒人選手比率は二九％に達した。これが球界史上最高値である。球団別の比率では、ナショナル・リーグの場合は一九六七年のピッツバーグ・パイレーツでの五六％、アメリカン・リーグの場合は六九年のクリーブランド・インディアンズでの四〇％が最高である。一九七一年九月一日にパイレーツは対フィラデルフィア・フィリーズ戦で、先発メンバー九名全員に黒人選手を起用したが、これは球史に残る出来事であった。

当時の選手たちは、球界の現状に少なからず満足していたようでもある。年俸は他競技に比べてかなり高く、ウィリー・メイズ、ハンク・アーロン、フランク・ロビンソンら選手は有名人としての地位を与えられた。一九六〇年代に吹き荒れたブラックパンサー党のような黒人過激派による運動は、彼らには無縁であった。やがてベーブ・ルースを抜いて球界のホームラン王となるアーロンは、自伝のなかで当時の気分をこう語っている。「私は十字軍の戦士ではない。いまだかつてなろうと思ったこともない」。一九七五年にフランク・ロビンソンは、黒人初のＭＬＢ球団監督としてクリーブランド・インディアンズを指揮することになった。ロビンソンの抜擢は、マネージメント職が黒人に開かれていることを明らかにし、多くの選手に希望を与えた。

しかしその後、黒人選手のMLB参加は、数、比率ともに低下の道をたどる。一九七〇年代前半をピークに、バスケットボール、フットボールへの参入が増えたのとは対照的に、黒人選手はベースボールを敬遠するようになった。その理由についてはさまざまな意見があるが、筆頭に挙げられるのは、ベースボールを「白人のゲーム」と見なす意識がアメリカ社会に広がったというものである。

そのような意識を垣間見せる事件もあった。たとえば一九八七年四月、ジャッキー・ロビンソンのデビュー四〇周年を記念するABC放送のテレビ番組「ナイトライン」で起こった騒動がある。

「ベースボール界に黒人の管理職が少ないのはなぜか」と問いかける司会者テッド・コッペルに対し、出演者の一人でロサンゼルス・ドジャースGMの地位にあったアル・カンパニスは、「黒人には必要な資質が足りない」と、臆することもなく発言したのである。これは、ベースボール界に蔓延する白人の差別意識と偏見、そして制度的な閉鎖性を露呈したものと視聴者に受け止められた。番組には全国からの抗議が殺到した。ドジャース球団は、翌日あわててカンパニスを解雇したが、時すでに遅かった。カンパニスは、汚名を雪《そそ》ぐ機会を与えられることもなく、その一一年後に生涯を閉じた。

カンパニスの軽率な発言は球界全体に深刻な影響を与えた。黒人選手のベースボール離れを加速させたこともその一つである。

最近二〇年間のMLB内に占める黒人選手比率の動向は、現在まで黒人選手離れが継続していることを示唆している。この比率は一九九〇年代に一九%から一三%の間を推移し、二〇〇〇年代になると一〇%を下回る年が目立つようになった。二〇一一年現在で八・五%、三大スポーツのなかで最低である。全米大学体育協会(NCAA)でのベースボールに占める黒人選手比率はさらに低く六%にすぎない。

MLBの各球団は一九八〇年代から、黒人アスリートの離反が進むなかで、海外の才能を発掘するためにドミニカ共和国をはじめとするカリブ海諸国、そして東アジアに、積極的なリクルート戦略を展開した。日本からは、一九九五年に「トルネード旋風」を巻き起こした野茂英雄を皮切りに、佐々木主浩、イチロー、松井秀喜、松坂大輔、ダルビッシュ有など、日本球界を代表する実力派選手が、次々とメジャー入りを果たした。MLBは国際化に成功したが、その反面、黒人選手が一層目立たなくなったとの印象は否めない。

リングを降りる黒人アスリート

ボクシングでは、一九五〇年代以降も、ヘビー級ではモハメド・アリ、ジョー・フレイジャー、ジョージ・フォアマン、ラリー・ホームズ、マイク・タイソンなど個性豊かな王者が次々と登場し、他の階級でも強者が続出し、階級が重くなるほど黒人選手の独壇場であるかの様相を強くしていた。しかし二〇世紀から二一世紀への転換期の頃から、次第にロシア人などヨーロッパ勢が幅を利かせるようになる。

驚くべきことに、かつて黒人身体能力を証明する場であるかに見なされたこの競技で、黒人はリングを降りてしまったかの観さえある。

一九九〇年前後に、ボクシング主要四組織であるWBO、WBA、WBC、IBFのヘビー級王者はすべてアメリカ人でかつ黒人だった。一九八九年五月六日から九二年一二月一四日までに主要四組織のヘビー級王座についた者を挙げれば、マイク・タイソン、ジェームズ・ダグラス、イベンダー・ホーリーフィールド、レイ・マーサー、マイケル・モーラー、リディック・ボウら六名であり、すべてアメリカ人かつ黒人である。

だが、二〇一一年一〇月現在、「地上最強の男」の地位を争う舞台は、まったく趣を異にしている。同四組織の現ヘビー級王者あるいは前王者だったのは、ウラジミール・クリチコ（ウクライナ）、ビタリ・クリチコ（ウクライナ）、スルタン・イブラギモフ（ロシア）、サミュエル・ピーター（ナイジェリア）、クリス・バード（アメリカ）、デビッド・ヘイ（イギリス）ら六名であり、黒人はピーター、バード、ヘイと半分を占めるにすぎず、アメリカ人はバード一人のみである。

そもそもボクシングは、反射神経や瞬発力などいわゆる身体能力がものをいう競技と見なされ、黒人に有利といわれてきた。もちろんベルリンの壁崩壊後の東欧勢の急速な台頭、プロモーターとの確執、他競技種目への選手の流出などさまざまな理由が考えられるが、二一世紀に入ってからの黒人ヘビー級王者の激減は興味深い。この変化は、スポーツでの優劣が社会の歴史的、文化的な状況に左右されていることを示している。

ゴルフ、テニスの「壁」

他方で、ゴルフやテニスでは、一九九〇年代にタイガー・ウッズや、ビーナスとセリーナのウィリアムズ姉妹など、天才と称えられた若い黒人選手が登場した。新世代の王者や女王の出現に刺激され、黒人の競技人口が急増するのではとささやかれたこともある。しかし、これら巨星の活躍とは裏腹に、後に続く選手は伸び悩んだ。最近では、予想されたほどには、ゴルフ界で上位層を占める黒人選手の比率が伸びていないとの報告もある。

二一世紀に入ってからも、スター選手の華々しい活躍とは対照的に、黒人ファンの支持も伸び悩んでいる。スポーツ研究者として有名なリチャード・E・ラップチックによる二〇〇一年の調査によると、自分を「熱心な（avid）ファン」とする黒人回答者の比率は、テニスの場合一一％にとどまり、フットボール三九％、バスケットボール三七％、ベースボール一

T・ウッズ（右）　キャディのJ・ラカーバと

八・二％と比較してもきわめて低い。ゴルフはさらに低く七％である。

黒人選手比率が意味するもの

黒人選手がスポーツ参加に占める比率は、すでに見た通り、競技によって異なり、また時代によって変化してきた。

三大プロフェッショナルスポーツの場合、MLBは一七％（一九九〇年）から八・五％（二〇一一年）へと半減した。同じ期間にNFLは六一％から六七％へと少し増加し、NBAは七五％から七八％へと、ほぼ横ばいだった。

同じ競技はカレッジスポーツでも、いずれもやや低めだが、ベースボールは四・三％から六％、フットボールは四二・七％から四六・四％、バスケットボールは六一・八％から六〇・四％と、同じ順位にあり、また類似した推移である。

黒人選手は、陸上競技、ボクシング、ゴルフ、テニスなどでも、競技ごとに異なる関わりを見せ、その関わり方は時代によって変化している。

黒人選手とスポーツの関連を歴史的に見ると、競技による選手の参加率の差異と、時代による変化が明らかになる。これは、ステレオタイプの前提となっている黒人選手のスポーツへの関わりと、スポーツでの優劣が、歴史的、文化的に決められるということである。

「黒人には身体能力がある」と語るとき、スポーツで有利な能力が黒人には先天的に備わっているとの前提に立っている場合が多い。しかし現実は違う。

スポーツでの有利不利とは、競技が誕生してから今日までの歴史的な過程のなかにある。それは、第一に競技の特徴や規則、第二に競技者個人の素質、才能、精神力および運、第三に指導者と競技者、そしてプレイを観戦し、視聴する一般の人びとによって培われた競技に対する見方、期待、価値観、こうしたものが相互的、総合的に作用するなかで決定されるものである。また、このなかでつくり出されるものが、スポーツの歴史であり文化といえるのではないだろうか。

近年NFLで取りざたされている黒人QBの登場は、選手のスポーツ参加が歴史と文化によってつくられることを示す好例である。かつてQBというポジションでは、「指導力、統率力がない」「知的能力が足りない」などという経営者や指導者の先入観や固定観念によって、黒人選手が遠ざけられることが少なくなかった。社会学者は、この傾向を「人種によるポジションの振り分け＝スタッキング（stacking）」と呼んで告発した。偏見は「黒人はＱＢになれない」という不文律を醸成し、黒人の子どもたちの夢や目標を打ち砕いてきた。しかし二一世紀の黒人選手は、「モバイルＱＢ」としてその存在感を高めている。

けれども、スポーツの複雑で多様な歴史と現実とは裏腹に、黒人身体能力ステレオタイプは、一九三〇年代以降、確実に深く浸透し、今日にいたっているのである。

黒人身体能力ステレオタイプの浸透

黒人アスリートの数、比率的な優位についての解釈として、先天的な能力の存在を指摘する立場が、一九三〇年代に学界やジャーナリズムで積極的に支持されるようになったことは前章で見た通りである。

この立場の論者は、生物学、遺伝学、生理学、人類学などに依拠して、黒人にはスポーツを実践する上で有利な能力や性質が生まれつき備わっていると主張した。第二次世界大戦後になると、こうした主張は新聞、雑誌、書籍、ラジオ、テレビなどのメディアを通じて、一般の人びとに届くようになり、黒人身体能力ステレオタイプとして、流通していくようになる。

また、黒人身体能力ステレオタイプを補強する機会は何度もあった。たとえば、一九六四年の東京五輪での陸上競技種目一〇〇メートル×四リレーの決勝戦である。黒人アスリートのボブ・ヘイズが、アンカーとしてバトンを受け継ぐと、八・二メートルの遅れを挽回し、さらに、ほぼ同タイムで二着に入ったポーランドとフランスの白人走者を二・一メートルも引き離してゴールラインを駆け抜けた。アメリカチームの第三走者リチャード・ステビンスは、ヘイズがゴールしたときの様子をのちにこう語っている。「日本人は普通感情を表に出さないが、このときだけは興奮して全員総立ちだった。皇族席の人たちも同じだった」

(Ashe, *A Hard Road* Volume 3, p.170)

東京五輪での『ライフ』誌「人類学的評価」

折しも、フォトジャーナリズムの草分けとして有名な『ライフ』誌は、東京五輪を運動能力の国際的、人種的比較のための実験室として注目していた。マーシャル・スミス記者は、「オリンピックを人類学的に評価する（Giving the Olympics an Anthropological Once-Over）」と題する現地報告記事のなかで、人類を白人、黒人、黄色人種に三区分する方法に科学的な権威を与えつつ、それぞれの人種がどの競技種目に秀でているかについての観察と考察を行っている。

スミスが権威として引用するのは、当時人類学の重鎮であったペンシルバニア大学教授カールトン・S・クーンとハーバード大学教授エドワード・E・ハントである。二人はこう主張する。

> 遺伝によって受け継がれてきた身体的な適応形質は、人種の異なる人びとの能力形成に一役買っているようである。異なる人種はこれらの能力を使うから、異なるスポーツ競技で優位に立っている。これが、黒人《ニグロ》選手が特定の競技で見事な成績を収める理由の一つである。もちろん、なんらかの社会的な要因や動機の影響があることは否定しない。
>
> (Smith, "Giving the Olympics," p.81)

スミスは、各人種の特徴を科学的事実と見なし、その特徴と運動能力との関連について、控えめながら説得的な筆致で記した。スミスは特に黒人に注目し、黒人のスプリント力について記述する筆には力を入れる。

黒人《ニグロ》、とくにアメリカの黒人《ニグロ》は、短距離走種目、跳躍種目、ハードル種目で優位に立っている。ボクシングとバスケットボールのような、すばやく激しい動きのために手足を機敏に使わなければならないスポーツでも、見事な成績を収めてきた。（同前）

それでもスミスは、身体能力の優劣を遺伝形質で説明する立場から距離をとり、記事の終わりで次のような冷静なコメントを残している。スミスは人種差に関する「興味深いデータ」が、「支離滅裂とはいえないまでも、科学的に見ると矛盾している」と書き留めているのである。

しかし、スミスの冷静さはステレオタイプの潮流を押し止められるものではなかった。次に見るオルセンやケインは、さらに生得説の方向へと踏み込んでゆく。

J・オルセンと『恥ずべき真実』

一九六八年にジャーナリストのジャック・オルセンは、『黒人アスリートの恥ずべき真実（*The Black Athlete: A Shameful Story*）』と題する暴露本を発表した。

そのなかでオルセンは、スポーツでなお、黒人に対する偏見と差別がはびこる現状を克明に記述した上で、スポーツが人種関係の改善に貢献するという期待が幻想でしかなかったと語る。

黒人選手たちは、大学やプロで華やかに活躍しているかに見える。しかし現実には、不満を抱き、幻滅し、絶望の底にあるという。人間扱いされず、搾取され、けがなどでスポーツができなくなるとお払い箱にされる過酷な運命に晒された選手たちの生活をオルセンは、克明に描き出した。選手たちのなかには、都会の貧民街《ゲットー》で暮らしていた頃のほうがよっぽどましだったとこぼす者も少なくない。

当時この本がアメリカ社会に与えた影響は大きく、現在にいたるまで、研究者やジャーナリストにたびたび引用され、当時のスポーツ界を描写する際の論拠となっている。

オルセンは、スポーツ参加が民主的で、人種的に統合された社会をもたらすとするエドウィン・B・ヘンダーソンの希望が、そして公民権運動の指導者で同年凶弾に倒れたマーティン・ルーサー・キング牧師が語った夢が理想にすぎないという現実を、リベラリズムによる改革運動の興奮冷めやらぬ社会に突き付けたのである。

同じ年にオルセンは別にまとめた報告記事のなかで、黒人の大学生アスリートの証言を引用し、彼らが一般人からいかに頑丈であると思われているかを明らかにした。

オルセンは「けがにも二つの基準がある」と述べ、その証拠として黒人アスリートを引用する。一人の黒人のフットボール後衛選手は、「黒人がスーパーマンだと思われている」と語り、黒人バスケットボール有力選手は「俺たちはけがをしないのさ、石でつくられているとでも思ってんだろう」と語る。ある黒人の抗議団体は、このような証言に基づき、人種差別として正式に訴えたという。(Olsen, "Pride and Prejudice," *Sports Illustrated*, July 8, 1968, p.28)

黒人は生まれつき違うという考えが、このような発言のもとになっていたことは間違いない。これは、黒人身体能力の生得説が、この時期まで大学キャンパスに広まっていたことを伝えるものである。

次に見る記事は、オルセンよりさらに一歩踏み込んだ立場をとっている。

「『黒人は最強』を評価する」の衝撃

それから三年後の一九七一年、スポーツジャーナリズムの代表格『スポーツ・イラストレイティッド』誌は「『黒人は最強』を評価する(An Assessment of 'Black is Best')」という記事で、黒人アスリートの能力にさらに深くメスを入れた。

副編集長《シニアエディター》のマーティン・ケインは、「人種の身体的差異が特定の運動種目で黒人《ニグロ》に有利に作用することを示す科学者の証言が増えている」と述べ、科学者の言葉を借りて、黒人の身体的差異に光を当てようとする。

ケインは、ジャーナリストとしての中立性を保つために、慎重な記述を心がけ、誇張や曲解を生まないよう意見の分かれる争点では「いかなる主張も仮説にすぎない」と念を押すなど、細やかな配慮をしている。それでも、ケインの提供するデータや調査結果が、黒人身体能力の生得説を支持したい読者の確信を深める内容であったことは否定できない。

たとえば、ケインは証拠の一つとして、アドレナリン腺の大きさを取り上げ、次のように主張する。

アドレナリン腺は、多くの競技で重要な役割を果たすことが知られている。黒人男性《ブラック》のアドレナリン腺は、白人男性のそれより大きいことを示唆する若干の証拠がある。ただしこの分野の研究はこれまで十分になされてこなかったので、ほとんどが憶測の段階である。（Kane, "An Assessment," p.74）

ケインは、運動能力の人種的差異を説明するのにアドレナリン腺から分泌されるホルモンが影響するという説を持ち出している。しかしホルモン説は、奴隷制度が存在した時代の医学理論や、スコットランド人の解剖学者で第二次世界大戦前に人間の進化を研究したアーサー・キースの説を借用したにすぎない。人種的特徴は腺によって作られるとするキース説は、内分泌学の発展初期に提唱されたが、とうの昔に信用を失ったものである。

ケインはまた、人類学者J・M・タナー著『オリンピックアスリートの身体』を引用して、

L・エバンス（手前中央）　メキシコ五輪，400m走金メダル授賞式で．後ろの2人は2位のL・ジェームズ，3位のR・フリーマン

「陸上競技の選手は人種によって、脚の長さ、腕の長さ、腰の幅などが随分と異なる」と述べる。しかし、こうした違いが運動能力に影響を与えるのかどうかについては、タナーの「それは体育教師が分析すべきことである」という言葉を引用するのみにとどめている。

ケインは続いて、東京五輪でアメリカ水泳チームのコーチを務めたジェームズ・E・カウンシルマンを引用して、筋肉の性質について論じる。あるいは多くの優秀な黒人陸上選手を輩出したサンノゼ州立大学の陸上コーチを務めたロイド・〝バッド〟・ウィンターを引用して、黒人アスリートの「プレッシャーを受けてもリラックス状態を保つことのできる特異な能力」を説明する。

さらには、第Ⅲ章で紹介したエドウィン・

B・ヘンダーソンが惹かれた中間航路説に言及し、一九六八年メキシコ五輪四〇〇メートル走王者で、世界記録保持者でもあったリー・エバンスの言葉を引用する。

俺たちはそのために繁殖されたんだ。奴隷船での航海を生き延びた黒人《ブラック》のなかに、最強のやつらがたくさんいたことは間違いない。それからプランテーションで、強い黒人《ブラック》の男が強い黒人《ブラック》の女と掛け合わされた。だから俺たちは優れた肉体のために繁殖されたんだ。

(Kane, "An Assessment," p.79)

ケインは、運動競技の指導者やアスリートの証言にも、自然科学の研究者と同様の権威を与えてしまっている。結局彼は、黒人アスリートの優越について、示唆的だが、科学的には不完全か不適当な証拠を書き並べたにすぎないのである。しかし、黒人の生理学的機能に何か特別なものがあると思い込んでいる読者に、この記事が与えた影響は非常に大きなものだった。

相次ぐ著名人の発言

一九八〇年代までに、黒人身体能力の生得説が社会に広く流通するようになった。このことは、アル・カンパニスやジミー・〝ザ・グリーク〟・スナイダーらがメディアで発言したことからもわかる（ちなみにスナイダーのニックネーム〝ザ・グリーク〟は、彼の祖先がギリシャの北エーゲ地方出身であることに由来する）。

ドジャースのGMであったアル・カンパニスについてはすでに述べた。テレビ報道番組「ナイトライン」での、メジャーリーグ監督になるために「黒人には必要な資質が足りない」という彼の発言を、「黒人には天性の運動能力がある」という思い込みの裏返しと世間は捉えたのである。のちに詳述するが、同じ機会に彼は黒人の水泳選手が少ないのは水に沈む身体を持って生まれたからであるとも語っている。

CBS放送解説者だったスナイダーは、一九八八年にテレビリポーターに向かって、黒人に優れた運動選手が多い理由は、奴隷制時代に体力旺盛な男女が人為的に掛け合わされたからだと述べている。実はこの発言は、リー・エバンスの意見を言い換えたものにすぎない。しかしCBSは発言の内容を重く見て、スナイダーを翌日に解雇して事態の収拾を図ろうとした。

カンパニスにせよスナイダーにせよ、注目すべきは、内容よりも彼らの口調だった。当然のことを当然のごとく話すその口調は、身体能力ステレオタイプが社会に強く、深く浸透していたことを物語るからである。

その後も類似した舌禍は頻発した。こうした発言はアメリカ国内に限らない。たとえば、一マイル走で四分を切った史上初の走者であり、神経学者としても知られるイギリス人ロジャー・G・バニスターは、一九九五年にイギリス科学振興協会の講演の場で、黒人の運動能力について、彼の確信を堂々と表明して出席者を仰天させた。

まず一人の科学者として私は、自明のようでいながら、軽視されている事実に注目しました。そのことによって、政治的に不適切だとの批判が起きるのを覚悟しています。すなわち黒人スプリンターと黒人アスリートは、一般に、間違いなく解剖学的な天性の利点を有していると思われる事実です。

（エンタイン『黒人アスリートはなぜ強いのか？』星野裕一訳、三三頁）

近年でも、ノーベル賞を受賞した分子生物学者ジェームズ・D・ワトソンが、二〇〇七年一一月に「アフリカの可能性について悲観せざるを得ない」「われわれの社会政策はすべて、アフリカ人の知能がわれわれと同じだという前提に基づいているが、実験結果はすべてそうでないことを示している」と発言して非難を浴び、コールドスプリングハーバー研究所会長職を辞任に追い込まれた事件がある。むろんワトソンは運動能力に直接言及したわけではないが、ステレオタイプ的な発想や思考が、国際的に有名な科学者によって表現された例として、バニスターの発言と類似したものであるといえよう。

黒人アスリートたちの肯定

繰り返し生産され、流通する生得説に対して、黒人アスリートも発言している。彼らもまた、生得説の魔力に魅せられていた。

J・モーガン、O・J・シンプソン、カール・ルイスら、フットボール、ベースボール、陸上競技界を代表する名黒人選手は、いずれも運動能力を黒人に与えられた天賦の才と見なしていた。

モーガンは一九七四年に「黒人《ブラックス》は生理学的な理由で速く、敏捷で、身体能力が高い。だからベースボール、フットボール、バスケットボール、どのスポーツでも強いわけだ」、シンプソンは一九七七年に「俺たちはちょっとつくりが違う、だからスピードがでるんだ。ふくらはぎが細く、脚が長く、腰が高い。これはみんな黒人《ブラックス》の特徴だ」、ルイスは一九八八年に「黒人《ブラックス》のほうが性能よくつくられてるのさ」などと発言している（Entine, *Taboo*, p.246）。いずれも黒人の運動能力を先天的なものと見なしている点で共通している。

このようなアスリートの発言は、ほとんどの場合、黒人至上主義《ブラックナショナリズム》的な響きをともなっている。それが積極的で前向きな力として、話者のプライドを支え、精神を高揚させていたのだろう。

スポーツへの執着に警告

むろんいつの時代にも、生得説の陥穽《かんせい》を見抜き、警鐘を鳴らす人物は存在する。NBAの黒人選手アイザイヤ・トーマスもその一人である。

トーマスは記者団に「俺はお袋のお腹からドリブルで出てきたとでもいうのか」とくってかかり、黒人の運動能力を当然視し、そのための努力や訓練を軽視するジャーナリズムを批判した。同じくNBAの黒人選手チャールズ・バークレーは、自己の運動能力を過信し、プロへの道をめざす黒人の若者に、「夢を見ることはいいことだけど、見過ぎないでほしい」との警告を発している。

研究者による生得説への批判や告発もあった。テキサス大学で長年「スポーツと人種」をテーマとする授業を担当してきたジョン・ホバマンは、多くの黒人青少年が、自分の運動能力を過信してスポーツに打ち込み、勉強をおろそかにする状況を体系的に批判した。ホバマンは著書『ダーウィンズ・アスリーツ』（邦題『アメリカのスポーツと人種』）で、黒人身体能力に関する言説と表象が歴史的に構築されることを検証した上で、一九九〇年代に身体能力神話に支えられた運動競技熱が、黒人コミュニティの若者を袋小路に追い詰めてしまう弊害を説いた。

では、その弊害とはいかなるものなのか。その一つは学業の不振である。ホバマンはこう語る。「多くの黒人は、出世するには運動選手になるしかないと、いとも簡単に思い込み、そうしたスポーツへの執着がもたらすもっとも破滅的で、もっとも知られていない結果の一つが、知的野心をきっぱり拒絶することなのである」（同前四九頁）

スポーツの魔力を免れた稀少な黒人少年を待ち受けるものは何なのか。「いい成績をとるために勉強したり、時間を厳守したりするものは、『白人ぶってる』と見なされた。学業でがんばろうとする黒人生徒は、『頭でっかち』というラベルを貼られ、乱暴な黒人たちに疎外され、仲間外れにされ、暴力さえ振るわれたのである」（同前原注一三）

このような教育環境で育った結果、「あまりにも多くが、プロスポーツ選手になれる」（同前四九）と信じ、見果てぬ夢を追い求める。しかし現実は厳しい。もっとも成功の可能性が高いとされるフットボールでさえ、二〇歳から三九歳までの黒人男性でプロになれるのは、わずか四万七六〇〇人に一人にすぎない。黒人男性で弁護士や医師を生業とするものが六万人もいるのに比べ、プロアスリートとして生計を立てられる黒人男性は三〇〇〇人にすぎない。要するにスポーツへの執着は、黒人の青少年を将来性のない袋小路へと追い立てていることになる。

日本と比較すると、アメリカにはステレオタイプ的な言説や表象を無防備に信頼する者ははるかに少ない。人種主義を批判する教育などが強く推進されていることもあるが、ホバマンなどの批判者の指摘による影響も大きい。

負の遺産の現状

現時点から過去を振り返って見た場合、黒人身体能力の生得説は、日米両国で、どの程度支持されてきたといえるだろうか。

たとえば「黒人に固有の運動能力や身体能力がある」との想定は、アメリカの出版物でどのように取り上げられてきたのか。データは少し古いが、一九八〇年代の舌禍事件を受けて、主要メディアが一九九〇年代に行った調査結果に遡って考えてみたい。

一九九〇年代初期の代表的な調査として、一九九一年一二月に『USAトゥデイ』紙が四日間にわたって連載した「人種とスポーツ――神話と現実」と題する特集がある。そのなかで同紙は、「アメリカ人の多くは、人種間には肉体的（physical）な差異が存在すると信じている」と主張し、その証拠として、同紙によるアンケート調査の回答者の半数が、「黒人は生まれつき優れた身体的な能力（physical ability）を有している」と答えたとする（Myers,

"Race Still," 01A)。

一九九三年に『USニュース&ワールドレポート』誌は、ロドニー・キング殴打事件やロサンゼルス暴動など、人種的緊張関係を高める事件が相次ぐなか、大学キャンパスでの人種意識にメスを入れるレポートを掲載した。そのなかで同誌は、白人学生に黒人に対する印象を問い、「カレッジの白人学生の二四%、ユニバーシティの白人学生の三三%が黒人を身体的に恐れている(physically afraid of blacks)」との結果を得ている。「身体的に恐れている」ことと「生まれつき優れた身体能力がある」こととはもちろん同じではないが、興味深いデータである(Elfin, "Race on Campus," p.53)。

一九九七年には『スポーツ・イラストレイティッド』誌が、八〇年のモスクワ五輪以来精彩を欠き、陸上競技短距離種目の決勝に一人として名を連ねることができないでいた「白人」走者を特集した。そのなかで同誌は、「白人男性回答者の三分の一強が、黒人はスポーツにおいて白人よりも攻撃的であり、三分の一弱が、黒人のほうが率直にいって体格がよく強い(simply bigger and stronger)と信じている」と伝えている(Price, "What Ever," p.30)。

以上のアメリカを代表する日刊紙・週刊誌は、回答者の三割前後から半数近くが、白人と黒人の身体的な能力の差異が生まれつきであると信じ、黒人に身体的な恐怖を覚え、あるいは運動能力に人種差があることを認めていると伝えている。いずれも、アメリカでは黒人の身体能力をめぐって、世論を二分する論争が存在していたことを示唆している。

日本でのステレオタイプの浸透

対照的に日本では、本書の冒頭でも述べたように、黒人身体能力が生まれつきであると見なす風潮がきわめて強い。この点は現在私が行っている、日本人大学生を対象とするアンケート調査と聞き取り調査でも確認できる。

まず、このアンケート調査では、

「一　アフリカ系の人は他の民族集団と比べてスポーツが下手である」
「二　アフリカ系の人は他の民族集団と比べてスポーツが上手である」
「三　どちらでもない」

という三つの選択肢を与えた。その回答に基づいて聞き取り調査を行い、アンケートでは不十分な点を補足しながら、回答者のステレオタイプに対する態度をより正確に測定しようとした。

具体的には、「スポーツが上手である」とする回答者を、「スポーツ全般において上手である」と認めるものと、「特定の競技（たとえばバスケットボール、フットボール、陸上）において上手である」と認めるものの二つに区分し、上手である理由が先天的な要因にあるかについて「一 肯定的に言明する」「二 言外に暗示する」「三 一切示唆しない」という三つの立場に区分した。こうした二つのレベルで区分された集団を組み合わせることで、回答者をステレオタイプに対して異なる立場をとる二つの大きな集団に分類した。

その一つは、全般的であれ部分的であれ、黒人は他の民族集団と比べてスポーツが上手であることを認め、その理由として先天的な要因を肯定的に言明するか、言外に暗示するものである。

もう一つは、民族集団によるスポーツの上手下手はあり得ないとするものと、特定種目において黒人が他の民族集団よりも上手であることを認めつつ、その理由として先天的な要因を一切示唆しないものからなる集団である。前者をステレオタイプ容認、後者を批判の立場と見なすものとした。

これまで東北、関東、北陸、関西、中国、四国各地の七大学で六五名を対象に調査してきた。サンプル数が少なく、大学生のみに限るなど調査としての制約は否定できないが、回答者の八割以上が容認の立場であり、非常に興味深い数値であった（川島「日本社会における『黒人身体能力神話』の受容」七七頁）。

アメリカに比べ身近で人種を意識しない日本では、教育やメディアを通した影響が圧倒的なのだろうが、アメリカ以上に深く黒人身体能力ステレオタイプが浸透しているようである。

第VI章　水泳、陸上競技と黒人選手

――「黒人」としての特質なのか

「不得意」と「得意」の競技

前章までは主にアメリカの黒人を見てきたが、ここではアフリカ人とカリブ海諸国に移民した子孫にも視野を広げ、黒人がもっとも「不得意」あるいは「得意」と見なされる競技に焦点を合わせたい。前者は水泳であり、後者は陸上競技の長距離・短距離である。

黒人が不得意あるいは得意と指摘されるのは、競技大会で黒人とそれ以外の選手との実績に差異が目立つときである。実績に大きな差異がある場合、「人種」のような生まれつきの属性が原因と見なされることが多い。それは、努力や訓練以上に、遺伝による先天的な資質の結果であると見なされやすいためである。

水泳と陸上は対照的な関係に位置しながら、黒人身体能力ステレオタイプを浸透させる話題を振りまいてきたといえるだろう。

水泳については、今日では「黒人は水泳が苦手」と見なされているが、実はかつてヨーロッパ人を驚かせた水泳や潜水の能力を持つアフリカ人がいたことが知られている。また、人種分離主義が横行したアメリカでさえ、黒人水泳選手は一〇〇年以上にわたる伝統を築いてきた。アメリカの黒人水泳選手は、二一世紀になってから、五輪でメダリストを輩出している。

陸上競技については、長距離種目での優位を「人種」に帰することなく実証的に解き明かそうとする研究が出てきている。また、短距離種目での優位を比較文化の観点から考察することも必要である。

黒人は水泳が苦手か――シドニー五輪の記憶

水泳は、人種的な運動能力の存在を意識させるスポーツである。それは、世界選手権やオリンピックのようなトップレベルの国際試合に出場する黒人選手が少ないからだ。

実際人口比率で見ても、黒人選手は少ない。正確なデータを集めることは難しいが、二〇一二年一月現在の水泳競技全種目の男女世界記録保持者を見ても、そこに名を連ねる黒人泳

E・ムサンバーニ　シドニー五輪，100m自由型で．2000年

者は、四×一〇〇メートル自由型リレーのアメリカ代表チームのメンバー、カレン・ジョーンズ（一九八四〜）一名のみである。次に見る陸上競技種目リストと比較しても、その差異は明白である。

水泳競技に出場する黒人オリンピアンが存在しないわけではない。しかし皮肉にも、黒人オリンピアンの存在が「黒人は水泳が苦手」というステレオタイプを強化する結果を招いたこともあった。

そのような選手として、多くの人の記憶にある一人にエリック・ムサンバーニがいる。二〇〇〇年のシドニー五輪に赤道ギニアの代表として、三名からなる一〇〇メートル自由形予選に出場した人物である。ムサンバーニは、他二名がフライングで失格したため、一〇〇メートルを一人で泳ぎ、勝者となった。しかしそのタイム一分五二秒七二は、出場選手の平均タイムの二倍を優に上回るものだった。その上レース後半の彼の泳ぎは、疲労も手伝って素人のようにお粗末だった。場所が違えば、オリンピック代表選手とはだれも思わなかっただろう。全世界の視聴者はその健闘を称えつつも、同情的な失笑を禁じ得なかった。

通称「うなぎのエリック」(Eric the Eel) の泳ぎぶりは、その後たびたびドキュメンタリー番組などで取り上げられ、視聴者の記憶を新たなものとしてきた。その映像が「泳げない黒人」という印象を強くさせたことは疑いない。しかしムサンバーニがうまく泳げなかったのには理由があった。

シドニー五輪に出場時、ムサンバーニはまだ水泳を習い始めてわずか八ヵ月だったのである。そして四年後のアテネ五輪までには、一〇〇メートル五七秒という、一分を切る自己記録を達成している。これはむしろ、彼の泳者としての逸材ぶりを示す事実である。だが数限りない視聴者のうち、この事実を知ったものはほんの一握りにすぎない。残念ながらムサンバーニはビザ問題でアテネ五輪には出場できず、名誉挽回は叶わなかった。

ジョークと直言

黒人と泳力に関するアメリカ人の思い込みをうかがわせるエピソードの一つに、いまは亡き黒人女優ネル・カーターが放った次のジョークがある。

一九九〇年六月三〇日、ロサンゼルスのメモリアル・コロシアムで、釈放されたばかりの南アフリカの黒人指導者ネルソン・マンデラの講演を聴きに七万人の大観衆が詰めかけた。その大半は黒人であったが、マンデラを歓迎するステージでカーターはこう語りかけた。「水泳は『非黒人的』(un-black) な競技である。なぜなら、もし黒人が泳ぎを知っていたなら、奴隷として酷使された祖先たちがアフリカに泳ぎ去ってしまい、この国にアフリカ系アメリカ人が残っているはずもないから……」ジョークの出来はさておき、ここでは大観衆の拍手喝采を受けたことが重要である。それは、「黒人は泳げない」という前提を黒人たちが肯定的に受け止めたことになるからだ (Dawson, "Enslaved Swimmers," p.1354)。

カーターは、黒人に優れた泳者が少ない理由を「非黒人的」という婉曲な表現でほのめかしたが、これをもっと直接的に説明しようとした者もいる。前章で紹介したロサンゼルス・ドジャースのGM、アル・カンパニスである。

一九八七年、ジャッキー・ロビンソンのデビュー四〇周年を記念するニュース番組「ナイトライン」に出演した際のことである。彼は、ベースボール界に黒人の管理職が少ないのは黒人には必要な資質が足りないからだと語った後、司会者テッド・コッペルに向かって、黒人が水泳に向いていない理由は、「その身体が『浮力』を欠いているからだ」と言い放った。

それまでのカンパニスは、黒人のよき理解者として知られていた。ジャッキー・ロビンソンとは、モントリオール・ロイヤルズ時代のチームメートだった。現役引退後、一九六八年からはGMとして球団を四度もワールドシリーズに導き、八一年には優勝を収めている。このように輝かしい経歴を有する球界のリーダーの口をついて出た言葉は、司会者のコッペルを困惑させ、スタジオは気まずい雰囲気に包まれたという。

「だれにだって弱みはある」

スポーツ万能に見える黒人アスリートが「水泳が苦手」と率直に語ったこともある。たとえば、一九九〇年代にアメリカバスケットボール界を代表したマイケル・ジョーダンである。『プレイボーイ』誌（一九九二年五月号）のインタビュー記事を見てみよう。

ジョーダンは当時、シカゴ・ブルスでの初優勝やバルセロナ五輪出場の決定を経て、人気の絶頂に到達しつつあった。インタビューは、彼の公人、私人としての生活のさまざまな側面を照らし出しながら、話題を水泳へと切り替える。そこで次のようなやりとりが続く。

プレイボーイ　子どもの頃、水泳でイヤな思い出があると聞いていますが。

ジョーダン　親友と泳ぎに行って、波に乗って遊んでいたんだ。水の勢いが強くってね、親友は波にさらわれそうになって、必死で後ろから僕の首にしがみついた。デスロック状態っていうのかな。僕も必死だった。彼の腕を折らなきゃと思ったほどだ。もう少しで僕も道連れになるところだった。

プレイボーイ　彼を救出したのですか。

ジョーダン　いや。彼は死んだ。それから僕は水に入るのをやめた。

プレイボーイ　いくつのときでしたか。

ジョーダン　小さかったな。たぶん七歳か八歳。いまも水に近寄るのはイヤだ。泳ぐこともできない。水と関わるのがイヤなんだ。

プレイボーイ　船に乗るのもですか。

ジョーダン　ライフジャケットがないとイヤだね。小さい舟もダメだ。大きな船ならなんとかがまんできるけどね。

プレイボーイ　そんなふうに言うのが、イヤではないですか。

ジョーダン　かまわない。だれにだって弱みはある。僕にはそれが水だってだけさ。

(*Playboy*, May 1992, p.58)

「泳ぐこともできない。水をいじるのがイヤなんだ」「だれにだって弱みはある、僕にはそれが水だってだけさ」などと弱音を吐き、ジョーダンはスポーツ界の王者らしからぬ姿を見せている。インタビューを最初からきちんと読めば、ジョーダンの水嫌いは、友人が溺死《できし》するという幼少期の不幸な事件の影響であることがわかるが、読者はどのように思っただろうか。

社会学者の指摘——機会の欠如

では、水泳競技の第一線に黒人が少ない理由として、研究者はどのような指摘をしてきたのだろうか。

アメリカの社会学者はさまざまな角度から分析し、要因を挙げてきた。もっとも有力な説は黒人コミュニティに、児童や学童が水泳に親しむための機会や施設が不足しているため、泳力が未発達であるとするものである。

機会や施設が不足していた原因として、白人が抱いた人種主義的な偏見を告発するものも少なくない。こうした偏見は当然、黒人と同じ水に入ることに対する強い嫌悪感を生じさせた。

のちに見るように、二〇世紀に入ると白人は水泳を積極的に受け入れるようになるが、それにつれて、黒人は水泳ができる場所から遠ざけられ、締め出されるようになった。人種分離主義の時代には、異人種間で、特に白人の女性と黒人の男性の間で肌を露出し合うことが強いタブーとなり、「異人種が水浴すると伝染病が流行る」との噂がまことしやかにささやかれた。

歴史学者K・ドーソンの視点

他方、歴史学者はどのように見てきたのか。

新進気鋭の黒人史研究者ケビン・ドーソンは、かつて黒人が特定のスポーツ活動に抜きん出た実力を発揮した事例として、水泳と潜水に注目し、次のように説く。

> 西アフリカ海岸地域あるいは内陸部の人間がまだ一人たりとも、奴隷にされたり、海外に強制輸送されたり、新大陸の空の下で強制労働につかされたりしていなかった頃、アフリカ人の多くは熟達した泳者であり、潜水夫であった。やがてアメリカ大陸に輸送された奴隷たちは、アフリカで培ったこの技能を持ちこみ、その後数世代にわたって仕事や余暇の時間に、大いに活用したのである。大航海の時代から一九世紀を通じて、アフリカ系の人びとの水泳と潜水の能力は、ヨーロッパ系の人びとのそれをはるかに凌ぐものだった。
>
> (Dawson, "Enslaved Swimmers," p.1327)

ドーソンは史料に基づき、過去の事実を次々と明らかにする。それは斬新で挑発的でさえあった。大航海の時代以後、オランダ、フランス、そしてスコットランドの探検家は、ガーナ、セネガル、ガボンなどの地でアフリカ人の驚異的な泳力、泳法、肺活量を目撃した。奴隷たちは主人の命を受け、あるいは自発的に、ジョージア、カロライナ、西インド諸島の海や河川で鱝《えい》、鮫《さめ》、鰐《わに》などと闘ってこれを簡単に射止めた。近現代のヨーロッパ人は、特に女性は、そして水夫でさえ水泳を不得手とした。

ドーソンによれば、黒人はかつて白人よりも優れた泳者であり、より深く、より長く水中に留まることのできる潜水夫であった。当時の黒人は、水泳で他の民族集団に抜きん出て優れ、人種や階級の壁を超えて惜しみない賞賛や拍手を受けていた。

しかし今日、黒人は水泳が苦手だとされている。つまり、水泳という身体的な技法や演技《パフォーマンス》が、歴史的、文化的、環境的要因によって過去は黒人のものだったが、現在は白人のものになったというわけである。これは運動競技が「人種化」されてきたことを示す端的な事例である。

「主役」が交代した理由

一九世紀以後、水泳と潜水の世界に、なぜ、いかなる変化が起きたのか。この問題の詳細については、今後の社会学や歴史学の研究を待たなければならないが、およその筋書きは次のようなものだったであろう。

水泳と潜水の「人種化」の力学に変化が生じ、それまでは黒人のものだった身体技法が、白人の身体技法へと変容を遂げたのである。つまり、黒人が得意とし、白人が苦手とした水泳という身体技法が、次に述べるさまざまな要因によって、白人が得意とし、黒人が苦手とする身体技法へと変化したのである。

この変化を引き起こした要因はさまざまである。中産階級の形成と余暇の発見、水泳、日光浴、海水浴のレジャー化、肌の露出に関するタブーの解禁、新しい身体観、美観、習慣、マナー、そして女性観の定着、水泳の競技化と国際大会の開催、そして人種主義的社会の構造と秩序のなかでの海岸、湖岸、プールなどからの黒人の締め出しなどである。それは、社会的、文化的な領域の広範囲に及ぶものであったにちがいない。

水泳で活躍した黒人選手

では、「白人化」が進んだのち、黒人選手はどのように水泳と関わってきたのか。世界の水泳王国アメリカの場合を見てみよう。

アメリカの黒人を対象にした最初の公式な水泳競技大会は、一九一一年七月四日、独立記

C・シルバ

念日に首都ワシントンD.C.で開催された。これは、教育改革者エドウィン・B・ヘンダーソンの努力によるものである。ここで好成績を収めた選手は少なくなかった。

一九二〇年代に入ると、クラレンス・S・ギャトリフはデトロイトで、アニタ・ギャントはワシントンD.C.で、イネーズ・パターソンはフィラデルフィアで、地域レベルの大会であったとはいえ、群を抜く成績を残した。もちろんいずれも黒人である。

ギャトリフはのちに、デトロイト市職員として多くの黒人青少年に水泳を指導した。ギャントは教師として働きつつ、ワシントンD.C.の地区大会で水泳だけでなく、バスケットボールやテニスでも優勝の栄冠を勝ち取った。パターソンは「身体運動による同化主義」運動を推進した改革者へンダーソンから「スポーツ史上最高のアスリートの一人」と称えられている。

第二次世界大戦後、環境が改善されるにつれて好成績を収める選手が生まれる。黒人大学の名門テネシー州立大学のフランク・スチュワートは、伝説的名コーチ、トム・〝フレンド〟・ヒューズの指導下、一九四六年に五〇メートル自由形を二五・四秒で泳ぎ、世界タイ記録を達成した。

オハイオ州立大学のネイサン・クラークは、一九六三年に二〇〇メートルバタフライで全米四位、一〇〇メートルバタフライで全米六位につけ、全米学生代表に選出された。UCLAのクリス・シルバは、一九八二年のNCAA大会の自由形で優勝し、翌年のユニバーシアード大会でも四〇〇メートル自由形で銀メダルを獲得した。シルバは一九八二年と八三年に五〇メートル自由形、四〇〇メートル自由形、四〇〇メートルメドレーリレーで全米学生代表に選ばれ、八四年には五〇メートル自由型で世界一四位にランクインを果たした。

ちなみに一九九三年に成立したビル・クリントン民主党政権下、黒人の児童・学童を対象とする水泳強化プログラムのための予算が組まれたが、二〇〇一年からのジョージ・W・ブッシュ共和党政権下、削減されてしまった。

黒人オリンピアン泳者

だが、近年になって事情はさらに変化している。二〇一二年一月現在、オリンピック水泳競技でメダルを獲得した黒人選手は二名いる。

カリフォルニア州生まれのアンソニー・アービン（一九八一〜）は二〇〇〇年のシドニー五輪の五〇メートルで金メダル、四〇〇メートル自由形リレーで銀メダルに輝いた。

二〇〇八年の北京五輪では、先述したようにニューヨーク市ブロンクス出身のカレン・ジョーンズが、マイケル・フェルプスらとチームを組み、四〇〇メートル自由形リレーで金メダルを手中にした（プエルトリコ生まれの女子選手マリザ・コレイア〈一九八一〜〉は、アテネ五輪で四〇〇メートル自由形リレーの予選に出場し、決勝では控えにまわったが、チームの一員として銀メダルを獲得した）。

アービンは、二〇〇〇年三月にショートコース（二五メートル）で五〇メートルを二一秒二一で泳ぎ、当時の世界新記録を達成している。ジョーンズは、二〇〇九年七月にロングコース（五〇メートル）で五〇メートルを二一秒四一で泳ぎ、当時のアメリカ記録を塗り替えている。

黒人水泳選手のメダリストはさらに増えるだろうか。今後のオリンピックでの変化を見てみたい。

陸上競技での黒人アスリートの優越

陸上競技は、長距離・短距離種目に関係なく、一九世紀以降水泳とは正反対ともいえる道筋をたどってきている。

現在、特に長距離種目では、ケニアとエチオピアをはじめとする東アフリカ勢の強さが際立っている。他方、短距離種目では、西アフリカを出自とする選手の勝利が当然視されている。しかし一世紀前の陸上競技では、黒人選手の不在が当たり前の光景だった。

第Ⅲ章で詳述したように、近代オリンピックが誕生した一九世紀末、陸上競技は、近代スポーツ競技種目のなかでも人間の身体そのものの優劣を競う場と見なされていた。欧米諸国は、代表選手に「北方人種の優越」を証明するための勝利を期待し、選手はこれに応えた。その結果、初期五輪大会の陸上競技は白人選手の独壇場であった。

しかし一九二〇年代になると、黒人選手が短距離種目を中心に台頭し、白人至上主義を脅し始める。この頃から徐々に、黒人アスリートは、「すごいスピードと乏しいスタミナ」と揶揄されながらも、認知されるようになる。

ところが一九五〇年代に入ると、黒人アスリート観は再び修正される。スタミナを兼ね備えて長距離種目で優る黒人の選手が現れ、それまで巷でささやかれていた「黒人は生まれつ

表5　陸上競技世界記録保持者（2012年1月現在）

種目	選手名	タイム	出自
100m	ウサイン・ボルト（ジャマイカ）	9秒58	西アフリカ
110mH	ダイロン・ロブレス（キューバ）	12秒87	西アフリカ
200m	ウサイン・ボルト（ジャマイカ）	19秒19	西アフリカ
400m	マイケル・ジョンソン（アメリカ）	43秒18	西アフリカ
400mH	ケビン・ヤング（アメリカ）	46秒78	西アフリカ
800m	デビッド・L・ルディシャ（ケニア）	1分41秒01	東アフリカ
1000m	ノア・ヌゲニ（ケニア）	2分11秒96	東アフリカ
1500m	ヒシャム・エルゲルージ（モロッコ）	3分26秒00	北アフリカ
1マイル	ヒシャム・エルゲルージ（モロッコ）	3分43秒13	北アフリカ
3000m	ダニエル・コーメン（ケニア）	7分20秒67	東アフリカ
5000m	ケネニサ・ベケレ（エチオピア）	12分37秒35	東アフリカ
10000m	ケネニサ・ベケレ（エチオピア）	26分17秒53	東アフリカ
マラソン	パトリック・マカウ（ケニア）	2時間03分38	東アフリカ

出典：Pitsiladis, "The Maikngs," p.517をもとに更新

き身体能力に優る」との説がもてはやされるようになるのである。こうして身体能力ステレオタイプは全盛期を迎える。

現在、陸上競技の主要な競走種目の上位層は、黒人選手がほぼ独占する状況にある。表は、陸上競技主要一三種目（最短の一〇〇メートルから最長のマラソンまで、走行距離と障害物の有無によって規定される一三の種目）での二〇一二年一月時点の世界記録保持者およびそのタイム、出自である。

王者たちは、短距離五種目（一〇〇メートル、一一〇メートルハードル、二〇〇メートル、四〇〇メートル、四〇〇メートルハードル）ではいずれも西アフリカ出自。

中距離五種目（八〇〇メートルから三〇〇〇メートル）では東・北アフリカ出自。

長距離三種目（五〇〇〇メートルからマラソン）

では東アフリカ出自である。
世界記録の保持者は、短距離が西アフリカ出自に、長距離が東アフリカ出自に偏るとはいえ、アラブ系で北アフリカ出身のエルゲルージを除けば、全員サブサハラの黒人である。

メディアの影響力

世界国際陸上選手権大会は、オリンピックのない年に二年に一度開催される。したがってオリンピック年を合わせると、四年のうちの三年は夏場に大規模な国際大会が開催されることになる。こうした国際的な競技会の決勝戦で、黒い肌の選手八名が疾風のごとくゴールラインを駆け抜ける。「世界一速い人間」の座を競う闘いは毎夏のように繰り広げられ、黒人選手の速さと強さを観客や視聴者の脳裏に焼きつける。

メディアを通してこうした光景を目にした者は、アフリカ出自の選手が競走種目に強い理由を、人種的な差異に求めることになる。その理由は第一に、遺伝的、生理的な生まれつきの差異が雌雄を決するとする本質主義が、単純明快で直観的に受け入れやすいからである。そして第二に、人種的差異を受け入れないと、ほかの代表選手の敗北の理由が練習や訓練の不足にあることになるからだ。

黒人ランナーが圧倒的な強さを見せつける場面は、国際大会に限られているわけではない。

たとえば日本の国内大会でも、正月恒例の箱根大学駅伝は、テレビで高い視聴率を誇る。毎年のように日本人走者をごぼう抜きするアフリカ人留学生は、恒例のようにさえなっている。黒人身体能力ステレオタイプを浸透させる原動力の一つがここにある。

黒人だからなのか——さらなるエスニック集団の精査

だが、陸上競技種目における黒人選手の優越は、単に先天的な才能によるものといえるのだろうか。

水泳と同様、歴史的、文化的な観点から見ると別の面が見えてくる。スポーツ地理学者ジョン・ベイル、ジャーナリストのジョン・マナーズ、運動生理学者ビンセント・オニウェラらは、長距離走について次のような議論を展開している。

ベイルは *Kenyan Running* のなかで、優秀な選手の属性をどのレベルで捉えるかを問題にする。三〇〇〇メートルの覇者コーメンや五〇〇〇メートルの覇者ベケレは、メディアでは黒人として、ケニア人あるいはエチオピア人として、他の人種や国民に優る人間として報道される。このとき、通例人種的、国家的な優位が含意される。しかし人種や国民国家は、人為的あるいは政治的につくられた分類にすぎず、人間の性質を統一的に規定するものではない。

これら大区分に多くのエスニック集団が含まれ、エスニック集団に、言語、住環境、生活習慣などを共有する下位集団が含まれる。ベイルは、下位集団の歴史や文化的、社会的環境を可能な限り精緻に調査して初めて、長距離走での優位を決める原因を突きとめることができると主張する。このような前提に立って、ベイルは分類と比較を行った。

ケニアの陸上選手たち　3000m障害でトップ3を独占したとき．2007年世界陸上

まず、世界ランキング上位一〇〇位に入る、優れた運動選手の人口一人当たりの産出率を指数化する。そして国家間、およびエスニック集団間の比較を行う。この指数から見ると、世界を一・〇〇とした場合、アフリカ大陸全体は一・〇六、アフリカ諸国のなかで一位のケニアは六・〇三

アフリカにおける世界レベルのアスリート産出指数（1992年）

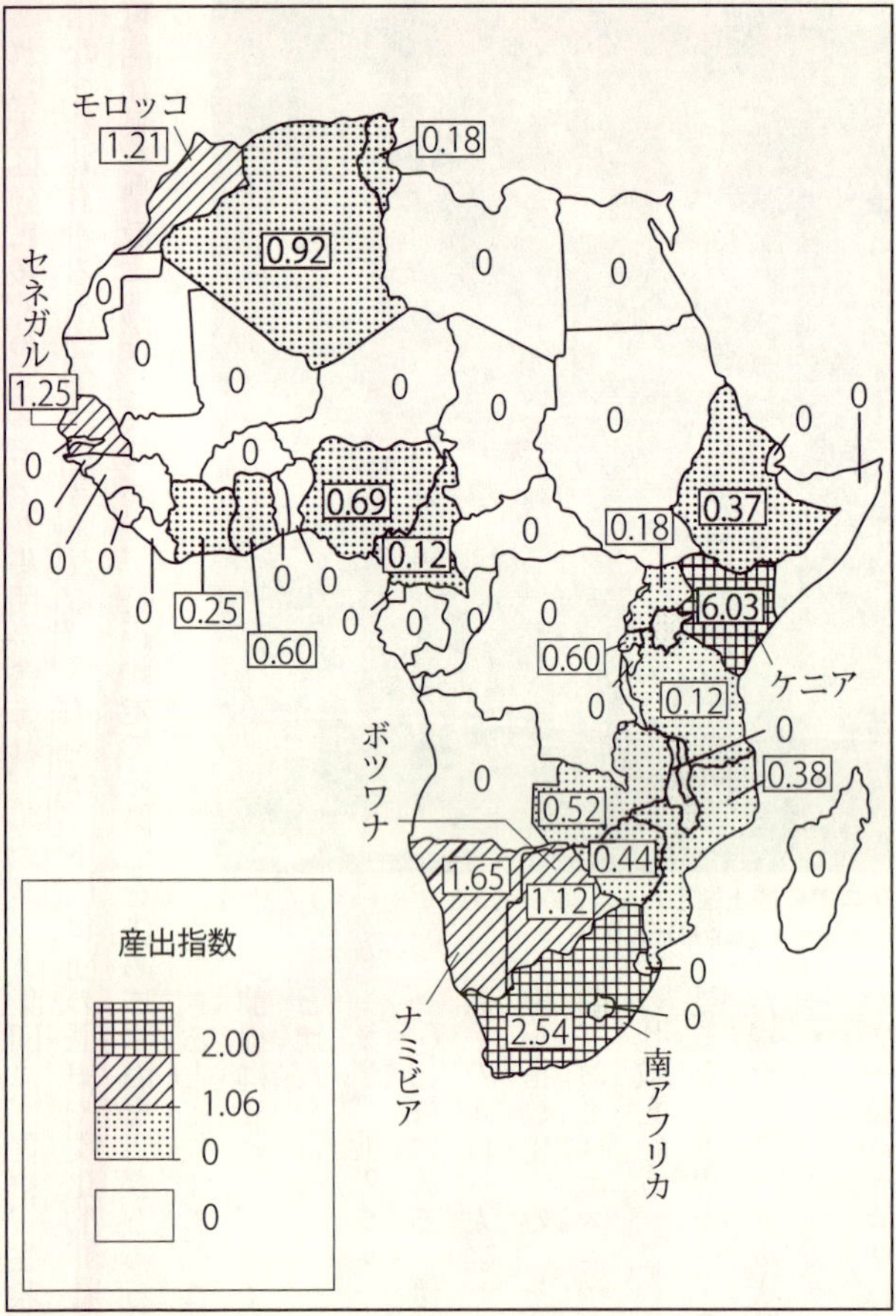

註記：世界平均を1.00とした場合，アフリカの平均は1.06
出典：John Bale & Joe Sang. *Kenyan Running*

ケニア国内地域別，世界レベルのアスリート産出指数（1991年）

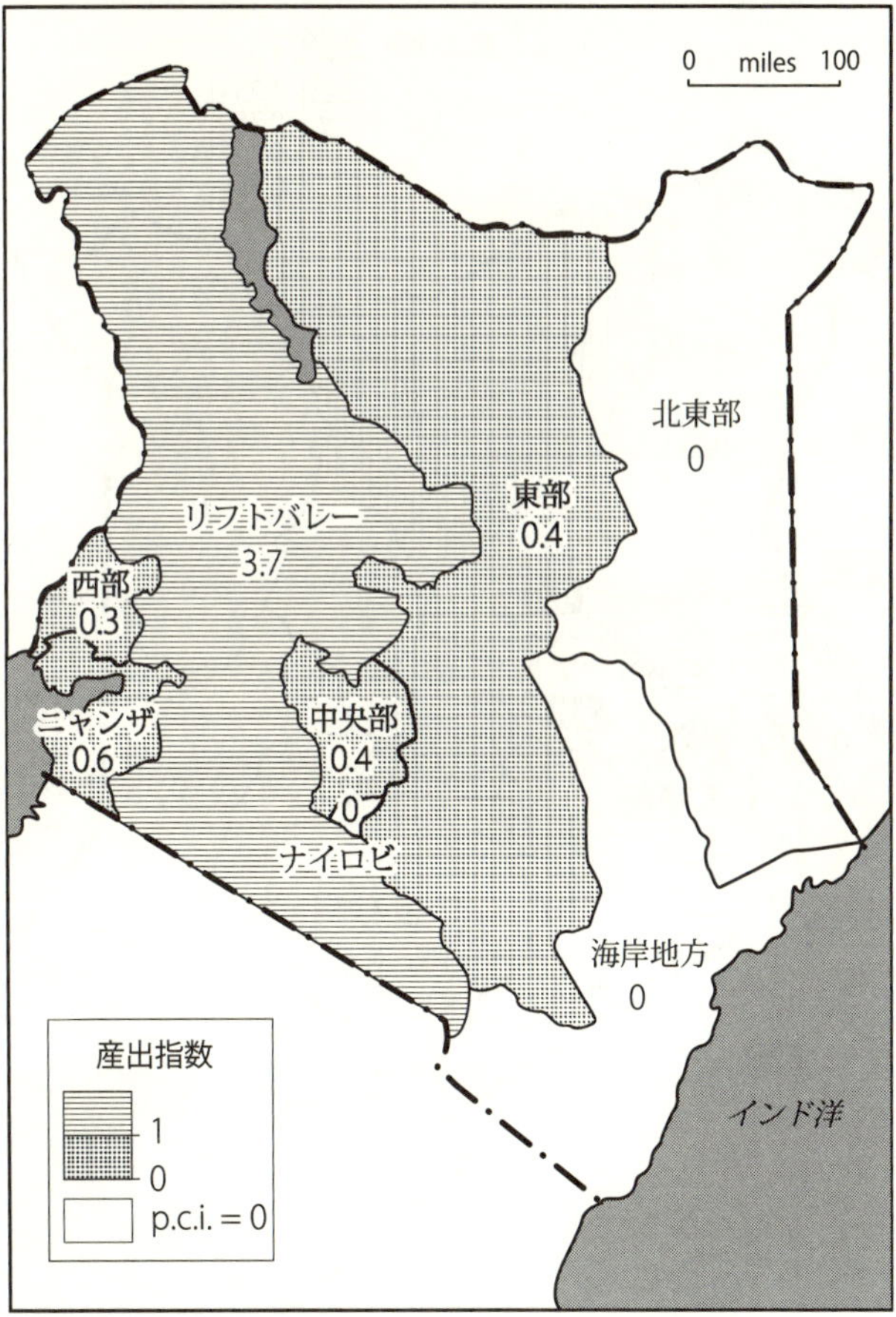

註記：ケニア全体の平均を1.00とした場合の指数
出典：John Bale & Joe Sang. *Kenyan Running*

ケニア国内地区別，世界レベルのアスリート産出指数（1991年）

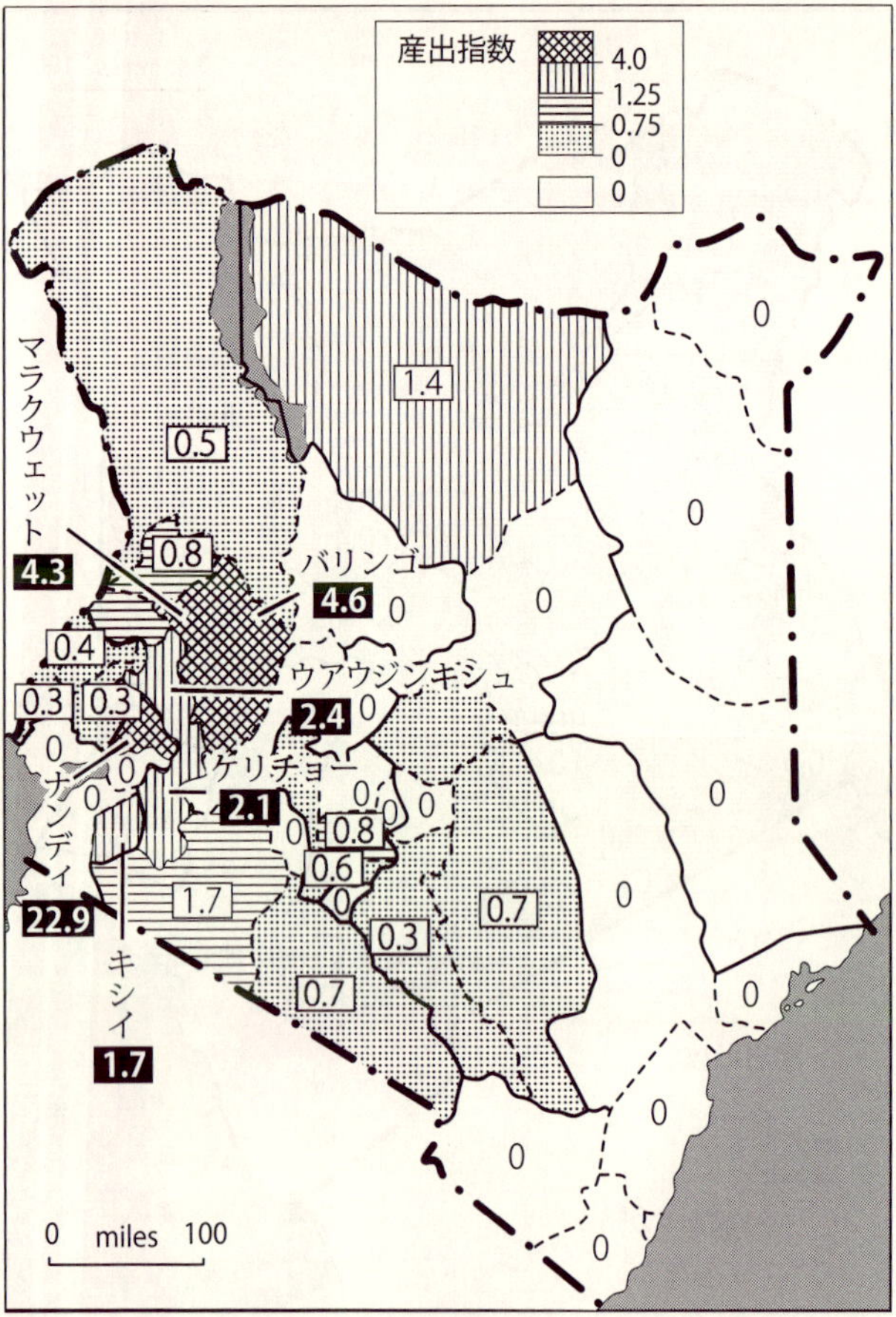

註記：ケニア全体の平均を1.00とした場合の指数
出典：John Bale & Joe Sang. *Kenyan Running*

となる。ケニアはアフリカ諸国のなかでの二位南アフリカ（二・五四）を断然引き離している。

次にケニアを一・〇〇とし、ケニア国内の各地域を指数化する。そのなかでは、リフトバレーと呼ばれる高原地方が三・七で、二位のニャンザ（〇・六）を断然引き離す。

さらにリフトバレー地方内を見ていく。その結果、ナンディというエスニック集団の居住地区が二二・九となり、二位のバリンゴ（四・六）を断然引き離していることがわかる。

このように、ベイルはアフリカ大陸内に、そしてケニア内に幾重もの偏りの構造があることを明らかにした。

実際、ケニア人長距離種目トップアスリートの出身地は一部の地域に集中している。少しデータは古いが、一九九二年の時点における国際級トップレベルの長距離走者一九七名中の一四一名は、リフトバレーに居住するカレンジンというエスニック集団の出身者で、カレンジンのなかでもナンディという下位集団がその圧倒的多数を占めていた。

結局、ケニアの強さはおおむねナンディの走力によるものであることになる。見方を変えれば、国際級のトップランナーは、ケニアの首都ナイロビ周辺の地域や、北東部、海岸地方からはまったく輩出されず、カレンジンであっても、ケリチョーやキシイなどの下位集団からはほとんど輩出されていない。

ちなみにエチオピアの場合、同様の調査によって、アルシと呼ばれる地域が長距離走者の輩出の地であることがわかっている。

ナンディ出身者はなぜ強いのか

では、なぜナンディが優位を占めるようになったのか。

これについてジャーナリストのジョン・マナーズは、*East African Running* のなかで調査の結果を報告している。彼は、ナンディの優越を説明する鍵として、このエスニック集団に特有な強い精神力、それを涵養してきた生活習慣、そして独特な経済行動に注目する。

ナンディの強い精神力とは、個々の成員の自尊心に裏付けられ、それが集団的なプライドとなって表現される。ナンディには、「われわれはナンディなり、他の人間は無に等しい」「ナンディは、あらゆる非ナンディなるものに優越する」との意識がみなぎっているという。これは、人びととの強い自意識と気位の高さの表れである。

ナンディの精神性は、イギリスの植民地統治時代に垣間見ることができる。一九世紀末、イギリスはケニアを植民地化する過程で、勇猛果敢で知られたマサイではなく、ナンディの抵抗によって、領土の南域を通過するウガンダ鉄道の建設を一〇年も遅らせざるを得なかった。イギリス軍司令部は、ナンディを「好戦的人種」「戦闘的部族」と見なし、ナンディを征服するために、東アフリカ植民地政策で最大規模の軍事作戦を展開しなければならなかった。

生活習慣では、代表的なものに割礼がある。割礼は、男女が成人として認められるための儀式として重視されてきた。ナンディの男女は、割礼による身体的な苦痛を克服することで、他集団に優る忍耐力や耐久力を獲得するといわれる。

高速長距離走行を可能にさせる丈夫な心肺機能と強靭な脚力をつくり上げたもう一つの要因として、ナンディの経済的な構造と秩序にもマナーズは着目する。とりわけ、経済資源の要である牛を他集団から強奪する仕組みを重視する。

東アフリカの民族集団として知名度の高いマサイもまた、牛の強奪によって生活の糧を獲得することで知られる。マサイの流儀では、大勢の戦士が日中に標的と見なした集団から公然と牛を略奪する。

これに対しナンディの強奪は、夜間に計画され、少数で密かにかつ速やかに行われる。二〇人かそれより少数の男性からなる強奪団は、夜通しめざす牛の群れを求めて移動する。その距離が一〇〇マイルを超えることもあるといわれる。強奪団は牛を手に入れると迅速に、追手に気づかれる前に帰路につかなければならない。帰路は往路の疲労を抱えつつ、牛を追い立てながらの走行となるため、さらに過酷な試練となる。成功者は家で待つ人びとに称えられ、英雄として迎え入れられる。当然、恵まれた条件で伴侶《はんりょ》を得る機会を与えられ、優秀な子孫を残す確率も高くなる。

マナーズは、経済活動としてのこのような長距離走行の習慣が、幾世代にわたって繰り返されるなかで、ナンディの人びとを人並みはずれた走力と心肺機能の持ち主に鍛え上げたのではないかと推測する。ナンディが集団として歴史的、文化的な条件に恵まれたと主張するわけである。

特定の個人が選ばれる理由

運動生理学者のビンセント・オニウェラは、ナンディのなかでなぜ特定の個人が、長距離種目で栄冠をつかむのかを"Demographic"のなかで解明しようとした。そして、ナンディの成員一人ひとりが幼少期に積んだ走行経験量の蓄積にその糸口を見出している。

オニウェラの調査は、ケニア選手の人口統計的な比較を目的とする。アンケートによって四〇四人の中・長距離種目（八〇〇メートルからマラソン）のトップレベルの選手と、比較のために無作為抽出で集めた対照群八七名から、通学手段と通学距離に関する情報を集めている。選手は、実力や実績によって、国内（相対的下位）レベルと国際（相対的上位）レベルの二つに区別される。その結果は次の通りである。

通学の手段として「交通機関」「徒歩」「走行」のいずれを利用したかとの問いに対して、レベルの高いアスリートほど高い割合が「走行」と回答した（対照群二二％、国内レベル七三％、国際レベル八一％）。

また、通学の距離は「五キロメートル未満」「五キロメートル以上一〇キロメートル未満」「一〇キロメートル以上」のいずれかとの問いに対して、レベルの高いアスリートほど高い割合が「一〇キロメートル以上」と回答した。

これらのデータは、ケニア人の長距離走での勝利が、「学童期に走って通学したか否か」や「通学距離が長いか短いか」など、走行機会の有無および訓練や努力のいかんなど、後天的な要因と高い相関関係にあることを示している。

総じて長距離走者としてのナンディの名声は、アフリカのなかでも恵まれた地理的、環境的条件、民族集団としての経済構造と秩序、伝統的生活様式などの歴史的かつ文化的な背景、さらには個々の成員が属する家庭の経済的地位と日常的な経験の積み重ねなど、実に多くの要因の総合的な作用のなかで築き上げられたと言えるのである。

短距離種目と西アフリカの出自

すでに見た通り、短距離種目では西アフリカ出自の選手が好成績を収め、世界ランキング

カリブ海諸国のなかのジャマイカとドミニカ

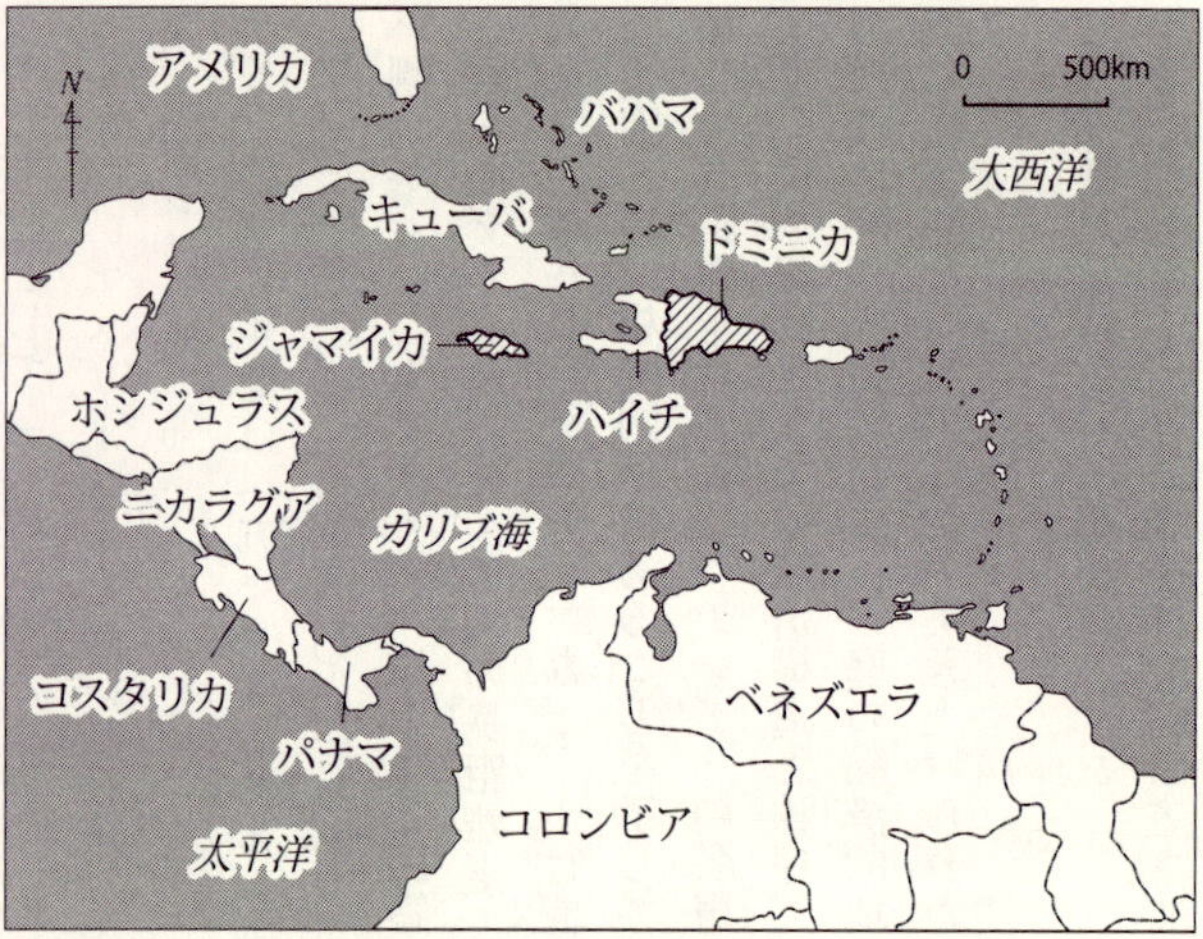

の上位層を独占している。

長距離種目と同様、短距離種目の場合も環境的な要因が、歴史的、文化的に優れた短距離走者を育ててきた点を見落とすことはできない。異なる国のスポーツ文化を比較してみれば、この点は明らかになる。類似した人種・民族的な出自を持ちながら、国籍や文化が異なるために、代表選手が異なる競技で優位に立つことは、よく見られる現象である。

ジャマイカとドミニカ共和国（以下ドミニカ）を例にとってみよう。この二国はいずれも、メキシコ湾の南、大西洋に隣接する水域であるカリブ海に六〇〇キロ（東京・青森間に相当）ほど離れて位置する島国である。

両者間の類似点は少なくない。いずれも過去、長期間にわたってヨーロッパ諸国に植民地支配されていた。西アフリカを出自とする黒人が多く、人種・民族的には、いずれも国民の九割近くが黒人の血を受け継いでいるとの調査もある。

そのなかでジャマイカはイギリス、ドミニカはスペイン、そしてのちにアメリカによる影響をもっとも強く受けてきた。そのため、ジャマイカは英語、ドミニカはスペイン語を母国語とする。宗主国による支配からそれぞれ長い闘争を経て独立したが、独立以前からスポーツ選手の育成に力を注ぎ、スポーツ大国として世界的な名声を得て現在にいたっている。

陸上王国、ベースボール大国

こうした非常に似通った背景がありながら、両国の選手が得意とする競技種目はまったく異なっている。周知の通り、ジャマイカはウサイン・ボルトをはじめとする数多くの一流スプリンターを輩出するなど陸上短距離王国であり、ドミニカはベースボール大国である。

短距離一〇〇メートル、二〇〇メートルの世界記録保持者ボルトは、ジャマイカの近年の最大の英雄である。しかしジャマイカの強さはボルト一人によるものではない。ジャマイカは、一九四八年ロンドン五輪に初めて参加してから、陸上競技だけで通算金メダル一三個、銀メダル二五個、銅メダル一七個を獲得してきた。人口わずか二八〇万の国家にとって、それが世界総人口に占める自国人口比をはるかに上回る実績であることはいうまでもない。

ジャマイカの陸上選手たち　4×100mリレーでの優勝時．手前がU・ボルト．2011年世界陸上

対照的にドミニカは、一九九六年のアトランタ五輪に参加してから、すべての競技種目を合わせても通算で金メダル二個、銀メダル一個、銅メダル一個を得たにすぎない。ドミニカは、自国の運動の才能を、オリンピックでのメダル獲得競争よりもベースボールに注ぎ込んできた。現在は、アメリカに次ぐメジャーリーガーの輩出国として知られる。マニー・ラミレス、デビッド・オルテス、ブラディミール・ゲレーロ、ドミンゴ・マルティネスなどMLBを代表する名選手にドミニカ出身者は少なくない。

ジャマイカとドミニカのスポーツの経験は、それぞれイギリスとアメリカの強い文化的影響の下に蓄積されてきた。二つのカリブ海国家におけるスポーツ文化の形成過程、すなわち一部の競技に特化して有力選手を輩出するようになった経緯と現状を理解するには、「黒人の身体能力は生まれつき優れている」という前提からではなく、それぞれの歴史と文化を学ぶことから始めるべきであろう。

ジャマイカとドミニカは、それぞれに特有な歴史的環境のなかで形成されたスポーツ文化のなかで、運動選手を育成してきた。スポーツ文化を支える制度的な柱は、家庭・家族であり、学校であり、地域社会である。これらの制度を通じてそれぞれの国民は、児童や学童を教育し、スポーツに勧誘し、優秀者を奨励し、報酬を与えてきた。その仕組みと方法の調査によって、ジャマイカ短距離選手やドミニカベースボール選手の強さの源は明らかになる。先の長距離種目でナンディがなぜ強いかを、歴史的・文化的文脈で解明したような研究が必要なのである。

ウサイン・ボルトはたしかに強い。しかしそれは「黒人」であるからではない。さらなる研究の積み重ねによって、彼が強い真の理由を見出さなければならない。

終章　「強い」というリアリティ——歴史、環境、多様性

歴史的に形成されてきたのか

再び、黒人身体能力のステレオタイプと生得説に話を戻そう。

序章では、第一にステレオタイプや生得説は歴史的に形成されてきた、第二に「黒人」と見なされる人びとを運動競技種目で優位に立たせる環境的な要因にも目を向けなければならない、という二つの立場から「黒人の身体能力は生まれつき優れている」という主張を再検討することを目的にすると述べた。これまでの記述や検討からどのようなことが言えるのか。

まず、第一の立場から言えることをまとめるなら、大筋で以下の通りである。

一九世紀末に成立した人種分離主義体制の下、黒人アスリートは「不在」あるいは「不可

視」ともいうべき状況に置かれ、きわめて稀な存在であった。この時代に黒人アスリートは、知的にも身体的にも「劣った人種」と見なされ、プロとアマを問わず、スポーツ界とは縁遠い立場に置かれていた。

しかし、一九一〇年代まで続く「革新主義」時代の改革を経て、黒人のスポーツ参加を促す環境は着実に整備される。義務教育や社会教育の場での運動競技施設は新設、増設、拡充され、「大移動」で北上あるいは西進した黒人家族の子女たちに、スポーツに参加し、技能を磨き、上達させる好機を提供した。

スポーツという新興産業は実力主義で、非白人にも門戸を開く傾向が強かった。その結果、一九三〇年代になって黒人選手は急速に、比率的、数的に増加し、台頭した。黒人身体能力に関する生得説の出現とステレオタイプの生成は、こうした急激な変化の副産物であった。第二次世界大戦後のジャッキー・ロビンソンのデビュー以後、一部の競技種目における黒人選手の集中は白人に「優越」する印象を与え、生得説とステレオタイプは常識化し、定説であるかのように社会に流通するようになった。

むろん、以上のような過程を経て、生得説やステレオタイプが形成されたからといって、それが、生得説が正しい可能性そのものを否定したとは限らない。次のように考えることも可能である。

生得説とステレオタイプは、一九世紀末から二〇世紀初頭の人種分離主義興隆期には存在しなかったかもしれない。一九三〇年代という時代の文脈で歴史の舞台に登場したのであろう。だが、だからといって「黒人身体能力」そのものの存在が否定されたわけではない。分離主義の時代にも、身体能力に長けた黒人アスリートは、たとえ「不可視」であったとしても存在した。モーゼス・F・ウォーカー、アイザック・B・マーフィー、ジャック・ジョンソンらの快挙はそれを示唆している。やがて時代の流れのなかで、国際化、ナショナリズムの高揚などさまざまな社会変化の力に促され、黒人アスリートが、それまで潜在的に持っていた能力を大いに発揮できるようになっただけのことではないか。

たしかに、そう考えることもできる。しかし、ここで問題となるのが、第二の立場からの検討である。つまり「黒人」と呼ばれる人びとを運動競技で活躍させた環境的な要因とは何かである。

あいまいな「黒人」の概念

だが、環境的な要因について述べる前に、「黒人」概念の恣意性について振り返っておこう。序章で、「黒人」という人種区分の境界線が恣意的であることを断った上で、アフリカ大陸のサブサハラを出自とする人びとを「黒人」と呼んだ。

「黒人」の境界が恣意的であることは、文化が異なると人種の数え方がまったく異なることからもわかる。「世界にはいくつの人種が存在するのか」この問いに対して、日本人の大学生の多くが「三つ」と答えることがわかっている。それは日本の小学校や中学校の社会科教育で、白人・黒人・黄色人種からなる三人種区分が今日なお教えられているからである。

対照的にアメリカには、「人種は三つ」と数える大学生はほとんどいない。大学生の答えは「人類という種一つのみ」とするものから、「個人の数だけ人種がある」とするものまで、単純に整理できないほど実にさまざまである。これは、アメリカの小学校や中学校では「人種」が定義されたり、説明されたりすることがないからである。一人ひとりは、自分の経験や考えに基づいて答えている。

最近の遺伝学は、アフリカが、地球上の他のいかなる地域よりも多様性に富む大陸であることを教えてくれる。たとえば、なぜ陸上競技長距離種目に強いかを社会科学、生理学、遺伝学などによる学際的な観点から分析した書によれば、「アフリカ人の間に見られる遺伝的な変異は、アフリカ人とユーラシア人の間に見られる遺伝的な変異よりも多い」という(Pitsiladis et al. eds, *East African Running*, p.265)。つまり、アフリカ内のほうが、アフリカとヨーロッパ／アジア(ユーラシア)間よりも遺伝的な多様性に富んでいるということになる。

黒い肌という見た目だけの表面的な共通性をまとった身体の中身は、種々の相違に彩られていることになる。そうなると、「黒人」は、背の高さ、骨格、筋力やその他の形質から生理学的な機能まで、大きく異なった特徴を有する幾多の人間集団によって構成される全体を意味する概念として見直さなければならなくなる。そこから生み出される身体的な力は、安易に一般化できない、多様性に富むものと考えるべきである。

これまでに見てきた「黒人身体能力ステレオタイプ」、あるいは「黒人身体能力の生得説」を構成する主張や理論は、「黒人」という厳密には定義不可能なカテゴリーを前提にしている。「黒人」の境界線が恣意的である以上、スポーツ競技種目で特定の人間集団が優越する状況は、「黒人であること」ではなく、それ以外の何か別のものに拠るのである。

「黒人身体能力」というリアリティ

だが、陸上競技短距離種目やNBAの試合を競技者として、あるいは観戦者として体験した人びとは、「黒人身体能力」というリアリティとしての感覚を抱かざるを得ないと口々に語る。「黒人」という概念に内在する恣意性や構築性を認めたとしても、「黒人身体能力」が単に空虚な表象や言説として切り捨てることのできない説得力を持つことも確かである。

プロテニス選手として四大大会で男子シングルスを制した唯一の黒人であり、研究者として黒人アスリートの歴史に造詣の深い人物にアーサー・アッシュ（一九四三〜九三）がいる。

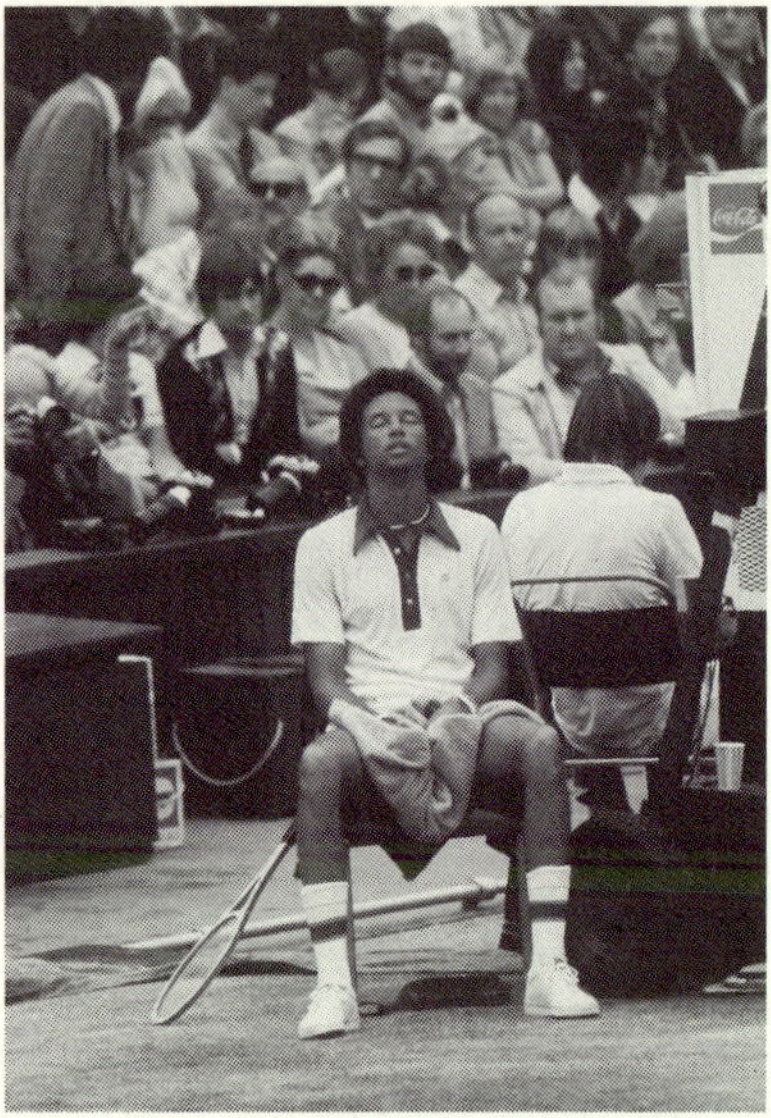

A・アッシュ　ウィンブルドン決勝の試合中の一コマ，1975年

アッシュはライフワークである黒人スポーツ史『栄光への困難な道（*A Hard Road to Glory*）』で、一貫して歴史的な環境と条件が黒人アスリートの成功を導いたとする立場をとる。しかし本書の冒頭では、この姿勢と矛盾するかの記述を残している。

アメリカの黒人《ブラック》は走行や跳躍などの身体運動で、遺伝的に有利に作られているのか？　この問いに対して、私はこう答えたい。自然《ネイチャー》、アメリカにおける私たちの特有の歴史、そして他の職業からの排斥が、スポーツと芸能で成功するために必要な心理的状況に私たちを追い込んできたのであると。

（Ashe, *A Hard Road* Volume 1, p.xv）

アッシュは、黒人が運動競技に優れている理由として、自然、アメリカ黒人の特有の歴史、他の職業からの排斥という三つを挙げている。この答えで、最初に「自然」を挙げた彼の真意はどこにあるのか。このとき、彼の本心は黒人身体能力、運動能力の生得説に近いところにあったのではないだろうか。

アメリカの黒人コミュニティにおける文武両道の正統派アーサー・アッシュのこのような言葉を聞くと、黒人身体能力の生得説に一目置きたくなる。「身体能力」をどのように定義するにせよ、リアリティとしての感覚がある以上、なんらかの裏付けがあるとする立場にも注意を払う必要がある。

「黒人」のなかの多様性

しかしこのリアリティの感覚を尊重することと、「黒人」という単純化された分類で一般化し、これを切り口として語ることとは別問題である。「黒人」でありながら、速く走ることができない人びとは、アメリカにも、世界諸国にも無数にいる。もちろん音楽の才能やリズム感に恵まれない人びとも無数にいる。単純なこの事実一つからも、「黒人であること」と「運動あるいは音楽に優れている」ことの間に因果を見ることは無理である。

これまでに指摘してきたように、「黒人」とは広大な地域に居住する人びとを指す網羅的な概念にすぎない。「黒人」には西アフリカ、東アフリカ、中央アフリカ、南アフリカを出自とする多種多様なエスニック集団がすべて含まれる。

北米イギリス植民地やアメリカに強制移送されたアフリカ人は、主として西アフリカを出自とすることが知られている。そうして大西洋を渡った特定の個人が、特定の家系が、あるいは特定の集団がイギリス植民地に、そしてイギリスから独立を勝ち取った共和国に奴隷として送りつけられ、幾世代を重ねるうちに、さまざまな歴史的、文化的な条件の影響を受けて、走力や跳躍力を必要とする運動競技で卓越する成績を残してきた。そこまでは確かである。

これらの人びとが見せた運動能力は、遺伝的な要素と環境的な要素の相互作用によって形成されたものである。たしかにその作用は、特定の個人あるいは特定の集団にとって重要であったであろう。しかしそれは、「黒人」という境界の不明瞭な漠然とした概念でくくられる人びと全体に共有されたものではない。黒人身体能力の生得説は、それが共有されたとの前提に立つ以上、根拠のないものであるといわざるを得ない。

では、どう考えるべきなのであろうか。

第Ⅵ章で見たように、東アフリカと西アフリカという二つの地域をとっても、まったく特徴を異にする人びとが無数のエスニック集団を構成している。東アフリカでは、リフトバレーという地域のカレンジンという集団に所属するナンディという下位集団が、遺伝と文化の相互作用のなかで培ってきた群を抜く長距離走力を有している。そしてナンディの若者のうち、現代的な環境のなかで鍛えられたものが最大限にその可能性を発揮したときに、国際競技大会の長距離走種目で優位に立つことができると考えるべきである。表面的にはケニアという国家の長距離走種目での優位に見えるが、実際には、とても複雑な現象なのである。このことを理解し、その上で東アフリカ人の長距離走行を解明してきたように、西アフリカ人の短距離走行を精緻に分析しなければならない。

黒人身体能力の生得説を受け入れることとは、サブサハラに出自を有し、近現代の国際秩序が構築されるなかで、地球規模で拡散した人びとの能力、経験、そして多様性を無視することにほかならない。

なぜ優れたアスリート集団が現れるのか

最後に、やや暴論かもしれないが、次のような場面を想定してみよう。

いまここに、陸上競技短距離種目と野球の日本人トップアスリートを集めたとする。そしてまず、陸上チームをドミニカに、野球チームをジャマイカに派遣し、現地の代表チームと試合を重ねたとしよう。両国で日本代表チームは、間違いなく連戦連勝する。たとえばドミニカの一〇〇メートル国内記録一〇秒一六は、伊東浩司の持つ日本記録より〇・一六も遅く、

表6　日本，ジャマイカ，ドミニカ3国間のベースボール／陸上競技実力比較（2012年4月現在）

		日本	ドミニカ共和国	ジャマイカ
ベースボール	世界ランキング	2.2位	2.8位	22位
陸上競技	100m国内記録	10秒00	10秒16	9秒58
	200m国内記録	20秒03	20秒65	19秒19
	400m国内記録	44秒78	44秒71	44秒40
	マラソン国内記録	2時間06分16秒	2時間26分00秒	2時間16分39秒

註記：ベースボールの順位は出典のウェブサイトでの投票による順位の平均
出典：Baseball Fever［http://www.baseball-fever.com/showthread.php?70612-International-Baseball-Ranking-（by-country-region）］および
以下の各ウェブサイトJamaican Athletics Administrative Association; 日本陸上競技連盟；Federecion Dominicana de Asociaciones de Atletismo

ドミニカの二〇〇メートル国内記録二〇秒六五は、末續慎吾の持つ日本記録より〇・六二も遅いことになる。日本代表チームの連戦連勝を見続けた観客の意識に黒人身体能力ステレオタイプが浮かぶ余地は、おそらく、まったくといってもいいほどないだろう。

次に、陸上チームをジャマイカに、野球チームをドミニカに移動させ、同様に現地の代表チームと試合を重ねたとしよう。状況は大きく異なるにちがいない。ジャマイカの日本チームは連戦連敗、ドミニカでは、ワールド・ベースボール・クラシック（WBC）二連覇を誇る日本チームとはいえ、劣勢に立たされるかもしれない。それを見続けた観客は、「やっぱり黒人はすごい、身体能力がちがう」と納得するのではないか。

これまでに、ムサンバーニ、シルバ、ナンディ、アルシ、アフリカ人、アフリカ系アメリカ人といった個人や人びとに焦点を合わせてきた。これらの人びとが生きた時代は、一九世紀以前、一九世紀前半／後半、二〇世紀前半／後半、二一世紀だった。彼ら、彼女らは、リフトバレー、赤道ギニア、ジャマイカ、ドミニカ、東アフリカ、西アフリカといった特定の地域／国家／領域でスポーツ競技（あるいはそれに類似した行動）に参加した。そしてその契機は、国際的競技大会での競争、家父長的奴隷主の命令、牛の強奪行動、走行通学といった個別的、具体的な状況や事情であった。

これらの事例に共通するのは、関わった人びとが人並み優れた運動能力を有していたことである。各事例が発生した原因は実にさまざまである。だが、その原因を構成する要素は次の四つに大別することができよう。

第一は、当事者がだれかである。それは、性格、資質と才能、能力などの属性に加えて、帰属する集団の境界を決定する家族、血族、部族、エスニシティ、そして人種などのアイデンティティによって規定される。たとえ遺伝的要因によってこれら集団のどこかのレベルまで優れた運動能力を生み出す資質が共有されるとしても、その影響力は一般に想定されているより小さく、その集団の境界の特定は困難である。

第二は、時間・時代的文脈がいつかである。それは、世紀、年代、年など暦を機械的に区切った単位であると同時に、帝国主義、白人至上主義、人種分離主義、民主主義などそれぞれの時代に支配的なイデオロギーや体制と結びついている。

第三は、地理・空間的文脈はどこかである。それは国民国家、大陸および大陸内部の地方や地域など人為的、行政的に決められた単位であると同時に、都心か郊外か、隣接地域の他者・他国の政治経済事情が安定しているか否か、海岸沿いか山地か、低地か高地か、平均気温／湿度／気圧は低いか高いかなど、人文地理、自然地理的な環境的条件を含む。

そして第四は、現象が発生する契機となる状況や事情とは何かである。それは、プランテーションの家父長制下の命令や奨励、帝国主義者による教育や訓練、ナショナリズムによる国威発揚、グローバル資本主義下の利潤追求など、当事者の生きた時空のなかで政治、経済、文化、社会面の諸力が衝突、連動、総合されて形作られる。

上記の四要素は、各時代の枠のなかで固有なかたちで混合され、結びついて、運動能力に傑出した個人や集団を出現させ、あるいは消滅させる原因をつくり出してきた。

「黒人アスリートの優越」と人びとが認める状況が存在しても、それは、こうして複雑な過程を経てもたらされた現象を切り取った一つの断面にすぎないのではないだろうか。

あとがき

「黒人身体能力」という言説、表象、ステレオタイプ――あるいは神話と言ってもよいかもしれない――に関する本を書こうと思った理由は、大きく二つある。

その一つは、大学時代、大学院時代の留学と関わっている。

大学時代、私はロータリー財団奨学生としてアメリカ深南部ジョージア州の州都アトランタにあるジョージア州立大学で一年間学ぶ機会を与えられた。

渡米してしばらくした、ある秋の日のことだった。大学のジムに足を運び、たまたまトレーニンググルームで筋力トレーニングをしている三名の黒人学生が目に入った。大学代表チームのアスリートだったのかもしれない。上半身裸で鍛えているその肉体に目を奪われた。彼らの見事に発達した上腕筋、大胸筋、くっきり割れた腹筋をほれぼれと眺めながら、思わず「これは人種が違う……」とつぶやいていたのではなかったかと思う。その印象が記憶の奥深くに残っている。

それから数年が経った。

大学院に入ってから、フルブライト奨学生として、今度はアメリカ北部のニューイングランド地方にあるブラウン大学の大学院で、アメリカ史を学ぶ機会を得た。四年と九ヵ月の留学期間中に、ベンという哲学を専攻する黒人の大学院生と親しくなった。お茶や食事などで会話をすることがよくあった。いまでも彼がこう愚痴っていたのを覚えている。

「僕は身体がかたくって、スポーツが苦手だ。まわりから『それでも黒人《ブラック》か』って言われてきたが、僕だって黒人《ブラック》だ」

三人のアスリートとベン、どちらもアメリカに生まれアメリカに育った黒人《ブラック》（アフリカ系アメリカ人）だったにちがいない。しかし私たちの「黒人」イメージは、あまりにも三人のアスリート側に偏っていないだろうか。だとしたら、そのような偏りが生じた経緯をうまく説明できないだろうか。

もう一つの理由は、もっと簡単に書くことができる。本書は「人種とスポーツ」をテーマとしているが、実はこのテーマと深く関わりながら、公式、非公式に、もっとよくアカデミズムの世界で取り上げられてきたテーマがある。

「人種と知能」である。

「『人種と知能』は研究の対象、『人種とスポーツ』はカクテル・パーティの話題だ」そういう言われ方もされてきた。だが、「人種とスポーツ」も研究対象として取り組むべきテーマではないか。

本書はこれら二つの問いに、私なりに答えようとした努力の結果である。果たしてきちんとした答えになっているだろうか。読者のみなさまのご批判をいただければ幸いである。

ここにいたるまでに、さまざまな研究・教育機関と、所属する多くの方々から格別のご厚情とご高配をたまわった。ここに記して、心から感謝を捧げたい。

著作『ダーウィンズ・アスリーツ』の翻訳を通じて「アメリカンスポーツと人種」という大きな争点に注意を喚起してくださったテキサス大学オースティン校のジョン・ホバマン氏に。ポール・ロブスンの母校ラトガース大学のアレクサンダー図書館貴重資料室で客員研究員として一次資料を講読する便宜を図ってくださったヴァージニア・ヤンズ・マクラフリン氏に。フリッツ・ポラードに関する一次資料をジョン・ヘイ図書館で閲覧した期間を通じて公私に渡りお世話になったブラウン大学の恩師ハーワド・チュダコフ氏に。学部講演会の講師として招待してくださったジョージア州立大学歴史学部のジョン・マシュー氏とグレン・エスキュー氏に。学科講演会の講師として招待してくださったミズーリ大学カンザスシティ校のペロム・マクダニエルズ氏に。米国アメリカ史学会（OAH）と日本アメリカ学会（JAAS）の提携プログラムによって武蔵大学に来られ、日本各地でアメリカンスポーツ史の講演をしてくださったペンシルバニア州立大学のマーク・ダイレソン氏に。二〇一二年度に私を客員研究員として カリフォルニア大学バークレイ校に招聘してくださったマイケル・オーミ氏とデレック・ヴァン・リーネン氏に。

これらの方々をはじめ、その他多くの人々から情報や資料を紹介され、またご助言、ご指導をいただいたことで、本書を書き上げることができた。しかし本書の制約、限界、そして欠点のすべては著者自身の知識と力量の不足によるものである。

本書の執筆途上で、次の学会で発表の機会を与えられた。京都大学での国際スポーツ社会学会、ソウル国立大学での韓国アメリカ学会、デンバーとオタワでの北米スポーツ社会学会、第一二回京都大学国際シンポジウム、早稲田大学と名桜大学での日本スポーツ人類学会、アッシュビルとオーランドでの北米スポーツ史学会、清華大学でのアジアスポーツ人類学会、バンクーバーでのスポーツ・ソサイエティ学会、チェコ共和国オロモウツ市パラッキー大学でのスポーツ社会科学国際学会などである。これら学会での質疑応答や発表後の交歓の場での会話などから、考えを深めるきっかけと、調査を継続する意義と意欲とをいただいた。

これまでの学会報告や論文・書籍などで発表した成果は、ホームページ「武蔵大学人文学部 川島浩平研究室」［http://racism-sport.com/］にまとめられている。ご関心のある方はぜひご覧いただきたい。なお、本ホームページは以下に記す科研基盤研究Cの助成によって実現したものである。

本書に必要な調査の一部は、武蔵大学総合研究所からの助成金によって可能となった。早稲田大学で開催される研究会スポじんサロンでは、寒川恒夫氏、瀬戸邦弘氏をはじめとする会員の方々からスポーツ人類学の奥深さを教えていただいた。京都大学人文科学研究所の竹沢泰子氏からは科研基盤研究S「人種表象の日本型グローバル研究」の一員に加えていただき、数多くの学際的な知的交流および研究成果の報告・発表の機会と、旅費などの経済的支援をいただいた。本書の執筆にあたって準備や調査にかかった経費の負担の多くは、科研基盤研究C「アメリカ合衆国における黒人身体能力神話およびスポーツへの固執と対抗言説・戦略」によるものである。記して感謝を捧げたい。

中央公論新社の白戸直人さんには、本書の構想から編集まで親身なサポートをたまわった。末筆ながら、心から謝意を表したい。

二〇一二年四月

ロンドン五輪大会での黒人アスリートの活躍を期待しつつ

川島 浩平

図版出典一覧

Wiggins, Miller, Patrick B. & David K. *The Unlevel Playing Field: A Documentary History of the African American Experience in Sport* (Chicago: University of Illinois Press, 2005). p25, p35, p115, p128

Ashe, Arthur R., Jr. *A Hard Road to Glory: A History of the African-American Athlete 1619-1918* Volume 1 (New York: Amistad, 1988). p29, p45, p210

Gorn, Elliott J. *The Manly Art: Bare-Knuckle Prize Fighting in America* (Ithaca: Cornell University Press, 1986). p37

Wiggins, David.K & Miller Patrick B ed. *Sport and the Color Line: Black Athletes and Race Relations in Twentieth-Century America* (New York: Routledge, 2004). p41, p137, p155

Ritchie, Andrew. *Major Taylor: The Extraordinary Career of a Champion Bicycle Racer* (Baltimore: the Johns Hopkins University Press, 1988). p47

Ross, K. Charles. *Outside the Lines: African Americans and the Integration of the National Football League* (New York and London: New York University Press, 1999). p64, p160

http://www.appiary.mobi/wp-content/uploads/2011/04/web_Paul_Robeson.jpg p67

http://www.americanheritage1.com/olympics/1932-olympic-gold-medal.htm p101

Davies, Richard O. *Sports in American Life: A History* (Malden, Blackwell Publishing, 2007). p104

http://www.top10ofthings.com/wp-content/uploads/2011/04/Joe-Louis.jpg p107

Rampersad, Arnold. *Jackie Robinson; A Biography* (New York: Alfred A. Knopf, 1997). p145

Action Images/アフロ p179

Presse Sports/アフロ p188

ロイター/アフロ p201

アフロ p217

AP/アフロ p228

Colorsport/アフロ p236

Books, 2009).
Ruck, Rob. *The Tropic of Baseball: Baseball in the Dominican Republic* ([2nd edition] Bison Books, 1999).
Saluja, Gitanjali, Ruth A. Brenner, Ann C. Trumble, Gordon S. Smith, Tom Schroeder & Christopher Cox, "Swimming Pool Drowning Among US Residents Aged 5-24 Years: Understanding Racial/Ethnic Disparities," *American Journal of Public Health* 96, no. 4 (April 2006): 728-733.
Torres-Saillant, Silvio. "The Tribulations of Blackness: Stages in Dominican Racial Identity," *Latin American Perspectives* 25, no.3 (May 1998):126-146.

〈雑誌・新聞〉
Afro-American
Atlanta Daily World
Chicago Defender
Der Angriff
Life
New Journal and Guide
New York Age
New York Amsterdam News
New York Times
Playboy
Sports Illustrated
USA Today
US News & World Reports

Lapchick, Richard. *Smashing Barriers: Race and Sport in the New Millennium* ([updated version] Madison Books, 2002).
Myers, Jim. "Race Still a Player: Stereotypes pit Ability vs. Intellect," *USA Today* (Dec. 16, 1991): 01A.
Olsen, Jack. *The Black Athlete: A Shameful Story* (New York: Time-Life Books, 1968).
__________. "Pride and Prejudice," *Sports Illustrated* (July 8, 1968).
Price, S. L. & Grace Cornelius. "What Ever Happened to the White Athletes," *Sports Illustrated* (December 8, 1997).
Smith, Marshall. "Giving the Olympics an Anthropological Once-Over," *Life* 57, no. 17 (October 23, 1964): 81-84.
Tanner, J. M. *The Physique of the Olympic Athlete: a Study of 137 Track and Field Athletes of the XVIIth Olympic Games, Rome 1960 and a Comparison with Weight-Lifters and Wrestlers* (London: George Allen and Unwin, 1964).
Woods, Ronald B. *Social Issues in Sport* ([2nd edition] Human Kinetics, 2011).

第Ⅵ章
小川勝『10秒の壁――「人類最速」をめぐる百年の物語』集英社新書，2008年
七類誠一郎『黒人リズム感の秘密』郁朋社，2010年
寒川恒夫編『教養としてのスポーツ人類学』大修館書店，2004年
忠鉢信一『ケニア！　彼らはなぜ速いのか』文藝春秋，2008年
クリストファー・マクドゥーガル『Born to Run：走るために生まれた――ウルトラランナーvs人類最強の"走る民族"』近藤隆文訳，日本放送出版協会，2010年
若原正己『黒人はなぜ足が速いのか――「走る遺伝子」の謎』新潮社，2010年
Bale, John & Joe Sang. *Kenyan Running: Movement Culture, Geography and Global Change* (London: Frank Cass, 1996).
Dawson, Kevin. "Enslaved Swimmers and Divers in the Atlantic World," *Journal of American History* 92, no.4 (March 2006):1327-1355.
Hastings, Donald W., Sammy Zahran & Sherry Cable. "Drowning in Inequalities: Swimming and Social Justice," *Journal of Black Studies* 36, no. 6 (2006): 894-917.
Irwin, C. C., T. D. Ryan & J. Drayer, "Urban Minority Youth Swimming (In)ability in the United States and Associated Demographic Characteristics: toward a Drowning Prevention Plan," *Injury Prevention* 15, no. 4 (August, 2009): 234-239.
Klein, Alan M. *Sugarball: The American Game, the Dominican Dream* (New Haven: Yale University Press, 1991).
Onywera, Vincent., R. A. Scott, M. K. Boit & Y. P. Pitsiladis. "Demographic characteristics of elite Kenyan endurance runners," *Journal of Sports Sciences* 24, no. 4 (2006): 415-22.
Pitsiladis, Yannis P. "The Makings of the Perfect Athlete," *Lancet* 366 (2005): 516-517.
__________, John Bale, Craig Sharp & Timothy Noakes. *East African Running: Towards a Cross-Disciplinary Perspective* (London: Routledge, 2006).
Robinson, Patrick. *Jamaican Athletics: A Model for 2012 and the World* (Arcadia

edition] San Francisco: Benjamin Cummings, 1994).
Miller, Patrick B. & David K. Wiggins, eds. *Sport and the Color Line: Black Athletes and Race Relations in Twentieth-Century America* (New York: Routledge, 2004).
Rampersad, Arnold. *Jackie Robinson; A Biography* (New York: Alfred A. Knopf, 1997).
Telander, Rick. *Heaven is a Playground* (Lincoln, Nebraska: University of Nebraska Press, 1976).
Tygiel, Jules. *Baseball's Great Experiment: Jackie Robinson and His Legacy* ([Expanded Edition] New York: Oxford University Press, 1997).

第Ⅴ章

ジョン・エンタイン『黒人アスリートはなぜ強いのか？——その身体の秘密と苦闘の歴史に迫る』星野裕一訳，創元社，2003年
小澤英二「ブラック・パワー・サリュートのシンボリズム——黒人アスリートに対するイメージの構築・脱構築」金井光太朗編『アメリカの愛国心とアイデンティティ——自由の国の記憶・ジェンダー・人種』彩流社，2009年
川島浩平「日本社会における『黒人身体能力神話』の受容——『人種』／『黒人』という言葉・概念との遭遇とその習得を中心に」『人文学報』100号，京都大学人文科学研究所，2011年
ジェイ・J・コークリー『現代のスポーツ——その神話と現実』影山健他訳，道和書院，1982年
ジョン・G・ラッセル『日本人の黒人観——問題は「ちびくろサンボ」だけではない』新評論，1991年
ジョン・ホバマン『アメリカのスポーツと人種——黒人身体能力の神話と現実』川島浩平訳，明石書店，2007年
竹沢泰子編『人種の表象と社会的リアリティ』岩波書店，2009年
谷口輝世子『帝国化するメジャーリーグ——増加する外国人選手とMLBの市場拡大戦略』明石書店，2004年
田臥勇太『アメリカ留学体験記 Never Too Late——今からでも遅くない』日本文化出版，2002年
マイク・マクーシー『モハメド・アリとその時代——グローバル・ヒーローの肖像』藤永康政訳，未來社，2001年
Ashe, Arthur R., Jr. *A Hard Road to Glory: A History of the African-American Athlete Since 1946* Volume 3 (New York: Amistad, 1988) 同 ([New Edition] 1993).
Elfin, Mel & Sarah Burke. "Race on Campus," *U. S. News & World Report* (April 19, 1993).
Entine, John. *Taboo: Why Black Athletes Dominate Sports and Why We're Afraid to Talk about It* (New York: Public Affairs, 2000).
Hoberman, *John. Darwin's Athletes: How Sport Has Damaged Black America and Preserved the Myth of Race* (Boston: Houghton Mifflin, 1997).
Kane, Martin. "An Assessment of 'Black is Best'," *Sports Illustrated* (January 18, 1971): 72-83.
LaFeber, Walter. *Michael Jordan and the New Global Capitalism* (W.W. Norton & Company, 2002).

University of Illinois Press, 1995).
Cobb, W. Montague. "Race and Runners," *Journal of Health and Physical Education* 7, no. 1 (January 1936).
__________. "Physical Anthropology of the Negro," *American Journal of Physical Anthropology* 24, no.2 (June 1943).
__________. "The Negro as a Biological Element in the American Population," *Journal of Negro Education* 8, no.3 (July 1939).
Dyreson, Mark. "American Ideas about Race and Olympic Races from the 1890s to the 1950s: Shattering Myths or Reinforcing Scientific Racism?," *Journal of Sport History* 28, no.2 (Summer 2001): 173-215.
McRae, Donald. *Heroes without a Country: America's Betrayal of Joe Louis and Jesse Owens* (New York: Harper Collins, 2002).
Miller, Patrick B. "Review Essay: the Nazi Olympics, Berlin, 1936: Exhibition at the U.S. Holocaust Memorial Museum, Washington, D.C.," *Olympika: The International Journal of Olympic Studies* 5 (1996): 127-140.
"Negro Stock is Praised," *Science News Letter* 86 (August 15, 1964).
Ross, Charles K., ed. *Race and Sport: the Struggle for Equality on and off the Field* (Jackson, Mississippi: University of Mississippi Press, 2004).
Schaap, Jeremy. *Triumph: the Untold Story of Jesse Owens and Hitler's Olympics* (Boston: Houghton Mifflin, 2007).
Wiggins, David K. "'Great Speed but Little Stamina': The Historical Debate over Black Athletic Superiority," *Journal of Sport History* 16, no.2 (Summer 1989): 158-185.
__________. *Glory Bound: Black Athletes in a White America* (Syracuse: Syracuse University Press, 1997).
Wiggins, Jr., William H. "Boxing's Sambo Twins: Racial Stereotypes in Jack Johnson and Joe Louis Newspaper Cartoons, 1908 to 1938," *Journal of Sport History* 15, no. 3 (Winter 1988): 242-254.

第Ⅳ章

川島浩平「バスケットボールと『アメリカの夢』——組織からみるアメリカンスポーツの形成と変容」久保文明・有賀夏紀編『個人と国家のあいだ〈家族・団体・運動〉』ミネルヴァ書房，2007年
リチャード・スコット『ジャッキー・ロビンソン物語』国代忠男訳，筑摩書房，1997年
佐山和夫『ヒーローの打球はどこへ飛んだか——ロベルト・クレメンテの軌跡』報知新聞社，2001年
ジャッキー・ロビンソン『黒人初の大リーガー——ジャッキー・ロビンソン自伝』〔新装版〕宮川毅訳，ベースボールマガジン社，1997年
鈴木透「軍隊の影——スポーツ、レクリエーションと性的支配」宮地尚子編『性的支配と歴史——植民地主義から民族浄化まで』大月書店，2008年
波部優子『背番号42メジャーリーグの遺産——ジャッキー・ロビンソンとアメリカ社会における「人種」』文芸社，2009年
Counsilman, James E & Brian E. Counsilman. *New Science of Swimming* ([2nd

Wiggins, David K. "Peter Jackson and the Elusive Heavyweight Championship: A Black Athlete's Struggle Against the Late Nineteenth Century Color-Line," *Journal of Sport History* 12, no.2 (Summer 1985): 143-168.
________, ed. *Out of the Shadows: A Biographical History of African American Athletes* (Fayetteville: the University of Arkansas Press, 2006).

第Ⅱ章
伊東明『新体育学講座第1巻　オリンピック史』逍遥書院，1959年
稲垣正浩・谷釜了正編『スポーツ史講義』大修館書店，1995年
日本オリンピック委員会監修『近代オリンピック100年の歩み』ベースボール・マガジン社，1994年
佐山和夫『黒人野球のヒーローたち――「ニグロ・リーグ」の興亡』中公新書，1994年
清水諭編『オリンピック・スタディーズ――複数の経験・複数の政治』せりか書房，2004年
ベンジャミン・G・レイダー『スペクテイタースポーツ――20世紀アメリカスポーツの軌跡』平井肇訳，大修館書店，1987年
Ashe, Arthur R., Jr. *A Hard Road to Glory: A History of the African-American Athlete 1919-1945* Volume 2 (New York: Amistad, 1988).
Carroll, John M. *Fritz Pollard: Pioneer in Racial Advancement* (Urbana, Ill.: University of Urbana Press, 1998).
Duberman, Martin. *Paul Robeson* (New York: the New Press, 1989).
Dyreson, Mark. *Making the American Team: Sport, Culture, and the Olympic Experience* (Urbana Ill.: University of Illinois Press, 1998).
Harris, Francis C. "Paul Robeson: An Athlete's Legacy," pp. 35-47 in Jeffrey C. Stewart, ed. *Paul Robeson: Artist and Citizen* (New Brunswick, NJ: Rutgers UP, 1998).
Henderson, Edwin Bancroft. *The Negro in Sports* (Associated Publishers, 1939).
Kay, Andrew M. *The Pussycat of Prize-Fighting: Tiger Flowers and the Politics of Black Celebrity* (Athens, GA: University of Georgia Press, 2004).
Robeson, Paul, Jr. *The Undiscovered Paul Robeson: An Artist's Journey, 1898-1939* (New York: John Wiley & Sons, 2001).

第Ⅲ章
川島浩平「日本男子マラソンが金メダルにもっとも近づいた日――一九二八年五輪アムステルダム大会マラソン競技における『人種』表象の考察にむけて」『武蔵大学総合研究所紀要』20号，2011年
クリス・ミード『チャンピオン：ジョー・ルイスの生涯』〔シリーズ・ザ・スポーツノンフィクション1〕佐藤恵一訳，東京書籍，1988年
佐山和夫『大リーグを超えた草野球――サッチとジョシュの往くところ』彩流社，2008年
多木浩二『スポーツを考える――身体・資本・ナショナリズム』ちくま新書，1995年
Cayleff, Susan E. *Babe: the Life and Legend of Babe Didrikson Zaharias* (Urbana, Ill.:

稔・石井昌幸・池田恵子・石井芳枝訳，昭和堂，1997年
小澤英二「スポーツにおける『人種』」川島正樹編『アメリカニズムと「人種」』名古屋大学出版会，2005年
小田切毅一『アメリカスポーツの文化史——現代スポーツの底流』不昧堂出版，1982年
スミス・A・ロナルド『カレッジスポーツの誕生』白石義郎・岩田弘三訳，玉川大学出版部，2001年
松井良明『近代スポーツの誕生』講談社現代新書，2000年
松井良明『ボクシングはなぜ合法化されたのか——英国スポーツの近代史』平凡社，2007年
山中良正『新体育学講座第三巻　アメリカスポーツ史』逍遥書院，1960年
Aaseng, Nathan. *African-American Athletes* (New York: Facts on File, 2003).
Adelman, Melvin L. *A Sporting Time: New York City and the Rise of Modern Athletics, 1820-70* (Urbana, Ill.: University of Illinois Press, 1986).
Ashe, Arthur R., Jr. *A Hard Road to Glory: A History of the African-American Athlete 1619-1918* Volume 1 (New York: Amistad, 1988).
Cahn, Susan K. *Coming on Strong: Gender and Sexuality in Twentieth-Century Women's Sport* (Cambridge, MA: Harvard University Press, 1994).
Cartwright, Samuel A. "Dr. Cartwright on the Caucasians and the Africans," *De Bow's Review 25* (July 1858).
Douglass, Frederick. *The Life and Times of Frederick Douglass* (Dover Publications, 2003).
Fredrickson, George M. *The Black Image in the White Mind: The Debate on Afro-American Character and Destiny, 1817-1914* (ACLS Humanities E-Book, 2008).
Gorn, Elliott J. *The Manly Art: Bare-Knuckle Prize Fighting in America* (Ithaca: Cornell University Press, 1986).
Gossett, Thomas F. *Race: the History of An Idea in America* ([New Edition] New York: Oxford University Press, 1997).
Henderson, Edwin B. & editors of Sport Magazine Publishers Company, Inc. *The Black Athlete: Emergence and Arrival* (New York, 1968).
Hoffman, Frederick L. *Race Traits and Tendencies of the American Negro* (New York: MacMillan, 1896).
Holmes, Samuel J. *Studies in Evolution and Eugenics* (New York: Harcourt, Brace and Co., 1923).
Isenberg, Michael T. *John L. Sullivan and His America* (Urbana, Ill.: University of Illinois Press, 1994).
Oriard, Michael. *Reading Football: How the Popular Press Created an American Spectacle* (Chapel Hill: University of North Carolina Press, 1993).
Ritchie, Andrew. *Major Taylor: The Extraordinary Career of a Champion Bicycle Racer* (Baltimore: the Johns Hopkins University Press, 1988).
Roberts, Randy. *Papa Jack: Jack Johnson and the Era of White Hopes* (New York: White Press, 1983).
Vincent, Ted. *The Rise & Fall of American Sport: Mudville's Revenge* (Lincoln: University of Nebraska Press, 1981).

参考文献

〈書籍・論文〉

序章・終章

我妻洋・米山俊直『偏見の構造——日本人の人種観』ＮＨＫブックス，1967年

家坂和之『日本人の人種観』弘文堂，1980年

小塩和人「フットボールのアメリカニゼーション（1）アメラグからアメフトへ」『上智大学外国語学部紀要』44号，2009：47-69

片岡暁夫『現代アメリカスポーツ史』不昧堂出版，1980年

川島浩平 「日本の小学校・中学校における『人種』・『黒人』観の形成と定着——学習指導の内容と知識の習得を中心に——」『武蔵大学人文学会雑誌』42巻3，4号，2011年

佐伯泰樹『ベースボール創世記』新潮選書，1998年

ジェームズ・ネイスミス『バスケットボール——その起源と発展』水谷豊訳，日本ＹＭＣＡ同盟出版部，1980年

スティーブン・Ｊ・グールド『人間の測りまちがい——差別の科学史』〔増補改訂版〕鈴木善次・森脇靖子訳，河出書房新社，1998年

竹沢泰子編『人種概念の普遍性を問う——西洋的パラダイムを超えて』人文書院，2005年

中條献『歴史のなかの人種——アメリカが創り出す差異と多様性』北樹出版，2004年

中村敏雄『スポーツの風土——日英米比較スポーツ文化』大修館書店，1981年

藤川隆男編『白人とは何か？——ホワイトネス・スタディーズ入門』刀水書房，2005年

マルフェイト『人間観の歴史』湯本和子訳，思索社，1986年

山田史朗『アメリカ史のなかの人種』山川出版社，2006年

米田満「アメリカン・フットボールの起源と発展段階」1959年

Ashe, Arthur R., Jr. *A Hard Road to Glory: A History of the African-American* Athlete since 1619-1918 Volume 1（New York: Amistad, 1988）.

Gems, Gerald R., Linda J. Borish & Gertrud Pfister. *Sports in American History: From Colonization to Globalization*（Champaign, Ill.: Human Kinetics, 2008）.

Hylton, Kevin. *'Race' and Sport: Critical Race Theory*（London: Routledge, 2009）.

Marcovits, Andrei S. & Steven L. Hellerman. *Offside: Soccer & American Exceptionalism*（Princeton: Princeton University Press, 2001）.

Pitsiladis Yannis P. et al. eds., *East African Running: Toward a Cross-Disciplinary Perspective*,（London: Routledge, 2006）.

Rader, Benjamin G. *Baseball: A History of America's Game*（Urbana, Ill.: University of Illinois Press, 1992）.

Sammons, Jeffrey T. *Beyond the Ring: the Role of Boxing in American Society*（Urbana, Ill.: University of Illinois Press, 1990）.

第Ｉ章

アレン・グットマン『スポーツと帝国——近代スポーツと文化帝国主義』谷川

川島浩平（かわしま・こうへい）

1961（昭和36）年東京都生まれ．85年筑波大学第二学群比較文化学類卒業．87年米国ブラウン大学大学院史学部入学．92年ブラウン大学大学院より博士号取得．共立女子大学研究助手などを経て，98年武蔵大学人文学部助教授，2003年より武蔵大学人文学部教授．専攻アメリカ研究．

著書『都市コミュニティと階級・エスニシティ』（御茶の水書房，2002年）アメリカ学会・清水博賞
編著『21世紀アメリカ社会を知るための67章』（明石書店，2002年）
共著『教養としてのスポーツ人類学』（大修館書店，2005年）
『クラブが創った国アメリカ』（山川出版社，2005年）
『人種の表象と社会的リアリティ』（岩波書店，2009年）他多数
訳書 ジョン・ホバマン『アメリカのスポーツと人種』（明石書店，2007年）

人種《じんしゅ》とスポーツ
中公新書 *2163*

2012年5月25日発行

著　者　川島浩平
発行者　小林敬和

本文印刷　三晃印刷
カバー印刷　大熊整美堂
製　　本　小泉製本

発行所　中央公論新社
〒104-8320
東京都中央区京橋 2-8-7
電話　販売 03-3563-1431
　　　編集 03-3563-3668
URL http://www.chuko.co.jp/

Published by CHUOKORON-SHINSHA，INC.
Printed in Japan　ISBN978-4-12-102163-2 C1222

中公新書刊行のことば

いまからちょうど五世紀まえ、グーテンベルクが近代印刷術を発明したとき、書物の大量生産は潜在的可能性を獲得し、いまからちょうど一世紀まえ、世界のおもな文明国で義務教育制度が採用されたとき、書物の大量需要の潜在性が形成された。この二つの潜在性がはげしく現実化したのが現代である。

いまや、書物によって視野を拡大し、変りゆく世界に豊かに対応しようとする強い要求を私たちは抑えることができない。この要求にこたえる義務を、今日の書物は背負っている。だが、その義務は、たんに専門的知識の通俗化をはかることによって果たされるものでもなく、通俗的好奇心にうったえて、いたずらに発行部数の巨大さを誇ることによって果たされるものでもない。現代を真摯に生きようとする読者に、真に知るに価いする知識だけを選びだして提供すること、これが中公新書の最大の目標である。

私たちは、知識として錯覚しているものによってしばしば動かされ、裏切られる。私たちは、作為によってあたえられた知識のうえに生きることがあまりに多く、ゆるぎない事実を通して思索することがあまりにすくない。中公新書が、その一貫した特色として自らに課すものは、この事実のみの持つ無条件の説得力を発揮させることである。現代にあらたな意味を投げかけるべく待機している過去の歴史的事実もまた、中公新書によって数多く発掘されるであろう。

中公新書は、現代を自らの眼で見つめようとする、逞しい知的な読者の活力となることを欲している。

一九六二年一一月

中公新書

現代史

現代史

1980 ヴェルサイユ条約　牧野雅彦
2055 国際連盟　篠原初枝
27 ワイマル共和国　林健太郎
154 ナチズム　村瀬興雄
478 アドルフ・ヒトラー　村瀬興雄
1943 ホロコースト　芝健介
1572 ヒトラー・ユーゲント　平井正
1688 ユダヤ・エリート　鈴木輝二
530 チャーチル（増補版）　河合秀和
1415 フランス現代史　渡邊啓貴
652 中国―歴史・社会・国際関係　中嶋嶺雄
2034 感染症の中国史　飯島渉
1959 韓国現代史　木村幹
1650 韓国大統領列伝　池東旭
1762 韓国の軍隊　尹載善
1763 アジア冷戦史　下斗米伸夫
1582 アジア政治を見る眼　岩崎育夫
1876 インドネシア　水本達也
2143 経済大国インドネシア　佐藤百合
1596 ベトナム戦争　松岡完
941 イスラエルとパレスチナ　立山良司
2112 パレスチナ―聖地の紛争　船津靖
1612 イスラム過激原理主義　藤原和彦
1664 1665 アメリカの20世紀（上下）　有賀夏紀
1937 アメリカの世界戦略　菅英輝
1272 アメリカ海兵隊　野中郁次郎
1992 マッカーサー　増田弘
1920 ケネディ―「神話」と実像　土田宏
2140 レーガン　村田晃嗣
1863 性と暴力のアメリカ　鈴木透
2000 戦後世界経済史　猪木武徳
2163 人種とスポーツ　川島浩平